本书得到辽宁省社会科学规划基金项目（L12DJY073）、沈阳市科技局重大项目（F12276545）和沈阳师范大学博士引进人才科研项目资助

BUTONG LEIXING CHANYEJIQUN
QIYECHUANGXIN JUECE YANJIU

# 不同类型产业集群企业创新决策研究

## ——基于策略性行为

陈国宏　著

中国社会科学出版社

**图书在版编目（CIP）数据**

不同类型产业集群企业创新决策研究：基于策略性行为/
陈国宏著．—北京：中国社会科学出版社，2014.2

ISBN 978 – 7 – 5161 – 3051 – 3

Ⅰ．①不…　Ⅱ．①陈…　Ⅲ．①企业创新—经营决策—研
究　Ⅳ．①F272.3

中国版本图书馆 CIP 数据核字（2013）第 170662 号

| | |
|---|---|
| 出 版 人 | 赵剑英 |
| 责任编辑 | 卢小生 |
| 特约编辑 | 解书森 |
| 责任校对 | 王兰馨 |
| 责任印制 | 李　建 |

| | |
|---|---|
| 出　　版 | 中国社会科学出版社 |
| 社　　址 | 北京鼓楼西大街甲 158 号（邮编　100720） |
| 网　　址 | http：//www.csspw.cn |
| | 中文域名：中国社科网　　010 – 64070619 |
| 发 行 部 | 010 – 84083635 |
| 门 市 部 | 010 – 84029450 |
| 经　　销 | 新华书店及其他书店 |

| | |
|---|---|
| 印　　刷 | 北京市大兴区新魏印刷厂 |
| 装　　订 | 廊坊市广阳区广增装订厂 |
| 版　　次 | 2014 年 2 月第 1 版 |
| 印　　次 | 2014 年 2 月第 1 次印刷 |

| | |
|---|---|
| 开　　本 | 710×1000　1/16 |
| 印　　张 | 9 |
| 插　　页 | 2 |
| 字　　数 | 151 千字 |
| 定　　价 | 30.00 元 |

# 摘　　要

迄今为止，国内外发达和发展中国家不乏依靠内生力量发展起来的，并产生较好绩效的产业集群。然而通过对相关文献检索和解读，发现产业集群企业创新决策能力的研究并没有引起学术界的足够重视。从现有的研究成果看，很多学者仅仅从集群的普遍意义角度对产业集群企业创新决策能力开展研究，而未能从更加深入、系统的理论上提出、解析不同类型产业集群下，企业策略性行为选择对企业和整个产业集群创新决策能力的影响。为此，本书主要从新产业组织理论出发，从产业集群企业的视角，运用博弈论，重点分析不同类型的产业集群中企业策略性行为的选择对创新决策能力的提升及扩散过程的影响。从新的视角丰富并拓展了产业组织理论，完善了产业集群内企业创新决策的研究领域。在实践中，有助于政府在制定政策、推进地方发展过程中，更具针对性，避免资源的浪费和不必要的内耗，加速产业集群的发展。因此，本书有一定的理论和实践意义。主要研究工作有以下几个方面：

**一　基于策略性行为的分类，进行产业集群企业创新决策研究**

在对相关概念界定、理论阐述和集群分类研究基础上，研究不同类型产业集群企业策略性行为选择与创新决策的内在关联性，确立本书研究的逻辑起点。本书以基于策略性行为的产业集群分类研究为切入点，运用博弈论、系统论和比较分析的方法，对不同类型产业集群企业创新模式进行深入研究，形成著作的研究思路。

**二　中小企业群生型产业集群企业创新决策模型研究**

在提炼中小企业群生型产业集群主要特征基础上，运用多维博弈模型，引入三个主要策略性行为，包括预告广告信息、提高转换成本和限制性定价，对产业集群企业创新决策进行研究。模型表明，多个企业对同类产品进行竞争时，每家企业都应同时考虑几方面策略，并选择适合企业的最优策略向量组合，如此，产业集群企业基于策略性行为的创新决策才能获得最大化利润。

**三　核心企业垄断型产业集群企业创新决策模型研究**

在纵向控制的框架内，从产品创新程度的角度，运用模型分析，探讨核心企业采取一体化和技术许可费策略性行为对创新决策的影响，得出了一些具有现实意义的结论。运用主从博弈模型，对核心企业有无策略性行为的创新决策做比较分析，认为核心企业为了牢固树立自己的垄断地位，必定会采取适当的策略性行为进行创新，以获取垄断利润。

**四　"龙头＋网络"型产业集群企业创新决策模型研究**

在提炼该类产业集群特征和创新特性基础上，运用龙头企业主导价格利润分配模型，研究龙头企业采取主动与中小企业合作的策略性行为进行创新，形成更有利的新均衡。根据斯坦克尔博格博弈思想，占主导地位的龙头企业选择与中小企业合作，在博弈以后总能得到更多的利润，并且随着合作系数的增大，龙头企业的利润也将增大，产业集群总利润也是增大的，这也激发了龙头企业创新的动力。

总结了本书的主要结论，并指出了本书的局限及进一步研究的方向。

# ABSTRACT

So far, in both developed and developing countries around the world there are a great amount of industrial clusters which are formed on endogenous forces and produced good performance. However, through reviewing the relevant literature it is found that decision – making mechanism on innovation for different enterprises in industrial clusters has not aroused enough attention to academia. According to the previous researchs, most of them analyzed from the perspective of the universal significance of industrial clusters on decision – making mechanism on innovation instead of analying in – depth, systematic way on the influence of enterprises strategic behavior choice on enterprise and the industrial clusters innovation decision – making capacity under different industrial clusters. Therefore, from the prespective of the new theory of industrial organization, the standing of industrial clusters enterprises, the use of game theory, this dissertation emphasizes on analyzing the influence of enterprises strategic behavior choice on decision – making capacity for innovation and diffusion process in different industrial clusters, contributing to enrich and expand the theory of industrial organization from a new perspective, improving the research on decision – making mechanism on innovation for industrial cluster enterprises. At the same time, this dissertation contributes the government to formulate policies and the local development process to be more specific, avoid unnecessary waste of resources and internal friction and speed up the development of industrial clusters enterprises. Therefore, this dissertation has theoretical and practical significances.

The following research subjects were discussed in detail:

(1) Decision – making on innovation for enterprises in different industrial clusters based on strategic behavior was analyzed.

Based on definitions of related concepts, theory elaboration and classification of industrial clusters, intrinsic association between strategic behaviors of enterprises in industrial clusters and innovation was researched, the logical starting point of dissertation was established. Comprehensive research as were performed for innovation models for enterprises in different industrial clusters by game theory, system theory and comparative analysis. The above work formed the basic analytical approach for this dissertation.

（2）Decision – making mechanism on innovation for industrial clusters with small and medium enterprises are modelled.

A multi – dimensional game theory model was developed to describe three main strategic behaviors, including commercial forecasting information, increasing exchange cost, and performing limited pricing. According to the model, when competing with serval enterprises for the same product, the enterprise must simultaneously consider several strategies and chose the combination with optimum overall outcome. Therefore, the industrial cluster enterprises can maximize profit by decision – making on innovation based on strategic behaviors.

（3）Decision – making mechanism on innovation for industrial clusters with core monopolistic enterprises are modelled.

In the framework of vertical control, from the point of product innovation degree, by model analysis, discussions were made about the influence of strategic behaviors including integration and technology license fees decision – making on innovation, some conclusions of practical significance are drawn. With master – slave game model analysis, the adoption of strategic behaviors for the core enterprises on decision – making on innovation was analyzed. It is concluded that, in order to maintain the monopoly position, the core enterprises must adopt appropriate strategic behavior innovation to gain monopoly profit.

（4）Decision – making mechanism on innovation for industrial clusters with "lead + network" enterprises are modelled.

Based on summaring characteristics and innovation features of "lead + network" industrial clusters, with the leading enterprise – led price profit distribution model, self – motivated strategic behaviors of leading enterprise on innovation with cooperation with small and medium enterprises was researched. The result is beneficial to develop a new favorable balance. According to stackelberg game, once dominant leading enterprises choose to cooperate with SMEs, they can be always getting more profit after game. With the cooperation coefficient increasing, profits of leading enterprises are also increasing, and the total profits of industrial clusters are increasing. The leading enterprises innovation motion is inspired by profit.

At the end of this dissertation, the main conclusions are drawn, pointing out the limitations as well as further research direction.

# 目　　录

# Catalogue

# 前　　言

　　本书依据新产业组织理论的基本逻辑，将策略性行为引入产业集群的分析框架，研究在不同结构的产业集群中，处于不同地位的企业采取策略性行为对企业创新决策的影响，试图从新的角度揭示不同类别产业集群中企业创新决策问题。本书的意义在于扩展现有产业集群企业创新决策的理论体系，增强理论对现实中产业集群企业创新决策的解释能力。

　　本书在编写过程中，参考了国内外学者的有关论著及教材，不能一一标注，敬请谅解并致谢意。本书虽经多次审核、修改和征求意见，但因时间仓促，水平有限，错误之处在所难免，敬请批评指正。

　　本书的出版得到了中国社会科学出版社的大力支持和帮助，在此一并致以衷心感谢。

# 第一章　策略性行为与产业集群
# 创新的相关问题

## 第一节　研究回顾

### 一　新产业组织理论的策略性行为

策略性行为是新产业组织理论构成的核心之一。策略性行为的市场基础是寡占市场或垄断市场，正是这个具有一定垄断性的市场背景才使策略性行为有了用处。因为寡占市场和垄断市场有超额利润，策略性行为的激励是调整自己的决策或改变对方的决策以得到垄断租金。在完全竞争市场上，没有超额利润，也就没有策略寻租的可能性[①]。新产业组织理论认为企业的主动性行为可以至少在短期内维护或改变市场结构，从而得到自己的最大利益[②]。由于垄断性市场存在垄断租金，企业的市场绩效就取决于能否建构一个垄断市场，而能否做到这一点则取决于企业相互之间的策略性行为影响。

谢林（Schelling，2006）[③] 在其著作《冲突的战略》中认为，策略性行为是指厂商采取的旨在影响竞争对手预期的行为；这种行为能够影响竞争对手对该厂商行为的预期，使竞争对手在预期基础上做出的决策对该厂商更有利。新产业组织理论的策略性行为表现在通过价格策略影响进入者的预期、通过价格歧视获取最大垄断租金、通过掠夺性定价来驱逐竞争对手等方面；这些行为的结果往往使竞争对手望而生畏，从而不断退出产业

---

① 李凯：《基于厂商策略性行为的纵向关系理论研究》，博士学位论文，东北大学，2007年，第12页。

② 牛小凡：《西方产业组织理论的演化与新发展》，《经济研究》2004年第3期。

③ 谢林：《冲突的战略》，赵华等译，华夏出版社2006年版，第36页。

竞争。实施策略性行为的厂商维护了市场的垄断性，达到获取垄断租金的目的。

新产业组织理论以非合作博弈理论为工具，特别是非合作博弈理论已经成为分析企业策略性行为的标准工具，这给产业组织理论的研究带来了方法论上的规范性，因此产业组织分析中的均衡就是博弈均衡的概念。显然，博弈论的广泛运用推动着产业组织理论逐渐发展成为日益严密的理论体系。

### 二 策略性行为与产业集群企业创新决策

在策略性行为分析中，运用博弈论所进行的一系列研究主要是用纳什均衡来阐明企业行为的，分析在既定的均衡条件状态下，如何运用策略性行为实现新的均衡。在现实生活中，企业间的策略性行为构成了许多市场现象的基础，如合谋、垂直限制、限制性定价和研究开发等。而在产业集群的发展过程中，企业之间的地位结构随着它们的发展会不断地发生变化，企业之间的博弈也是不断进行，从一个均衡到一个新的均衡。其中，产业集群中的企业在自身不同发展时期采取不同的策略性行为来谋求企业的持续发展。同时，企业之间不断的博弈，形成了产业集群的不同结构。因此，策略性行为伴随着产业集群的发展而不断创新。产业集群中企业在寻求自身发展的同时，也在不断地探索更加适合企业的策略性行为。

### 三 产业集群创新问题研究

熊彼特（Schumpeter，1912）[1] 发现了企业创新活动中的集群现象，他指出："创新不是孤立事件，不是在时间上均匀地分布，而是相反，它们趋于结成集群，或者说，成簇地发生，这仅仅是因为在成功的创新之后，首先是一些，接着是大多数企业会步其后尘；其次，创新不是随意地均匀分布于整个系统中，而是趋于在某些部门及周围环境中聚集。"波特（Porter，1990）[2] 在《国家竞争优势》一书中，通过对国家和地区的竞争力分析，提出了经典的"钻石模型"，认为产业集群优势源于六个因素的影响：生产要素条件、需求条件、相关及支撑产业、企业战略、结构与竞争，以及政府和机遇的影响。这些因素相互作用、相互影响，进而推动区

---

① 熊彼特：《经济发展理论》，商务印书馆1991年版，第72页。

② Porter, M., *Competitive Advantages of Nations*, New York：Harvard University Press，1990，p. 156.

域经济的发展。此后，产业集群一直是学术界研究的热点。当前，对产业集群的研究主要集中于产业集群的形成、演进机理、创新优势、竞争优势、社会网络以及产业政策研究等方面。

（一）国外研究

波特（1990）指出，竞争是产业集群形成之后促进其发展的主要驱动力。竞争不断促使企业进行创新，改进生产技能或创造新技术；反过来，创新与改进活动又导致新企业以及新型企业活动的出现，刺激 R&D 活动，加快新技能、新服务的引进。弗里曼（Freeman，1991）[①] 在研究产业集群竞争优势过程中发现，产业集群内部存在着知识溢出效应，促进产业集群创新网络的发展，是产业集群创新的源泉。

巴布蒂斯塔和斯旺（Baptista and Swann，1998）[②] 指出，技术的可编码化程度越低，相关创新主体的地理集聚就越迫切，他们通过实证调查发现，处于产业集群内部的企业比外部孤立的企业更能创新。

卡佩洛（Capello，1999）[③] 提出集群学习与中小企业突破性产品创新之间存在显著相关关系。乔尔和弗兰克（Joel and Frank，2010）[④] 指出产业集群有助于提升中小企业的创新绩效。

此后，国外许多学者对产业集群的创新行为从不同方面给予阐述。Liyanage（1995）[⑤] 主张通过合作创新来培育产业集群创新网络；巴布蒂斯塔和斯旺（1998）[⑥] 从创新技术扩散速度的角度，实证研究了产业集群内企业的创新优势；Dayasindhu（2002）[⑦] 从嵌入性和知识转移的角度研究了产业集群的创新能力，以及由此带来的竞争优势；李斯顿和索尔维尔

① Freeman, C., "Network of Innovators: A Synthesis of Research Issues", *Research Policy*, Vol. 20, No. 3, 1991, pp. 499 – 514.

② Baptista, R. and Swann, G., "Do Firms in Clusters Innovate More", *Research Policy*, Vol. 27, No. 4, 1998, pp. 209 – 228.

③ Capello, R., "Spatial transfer of knowledge in high technology milieus: learning versus collective learning processes", *Regional Studies*, Vol. 33, No. 5, 1999, pp. 353 – 365.

④ Stiebale, J. and Reize, F., "The impact of FDI through mergers and acquisitions on innovation in target firms", *International Journal of Industrial Organization*, Vol. 28, No. 1, 2010, pp. 98 – 116.

⑤ Liyanage, F., "Breeding innovation clusters through collaborative research networks", *Technovation*, Vol. 15, No. 9, 1995, pp. 553 – 567.

⑥ Baptista, R. and Swann, G., "Do firms in clusters innovate more", *Research Policy*, Vol. 27, No. 4, 1998, pp. 209 – 228.

⑦ Dayasindhu, N., "Embededness, knowledge transfer, industry clusters and global competitiveness: a case study of the Indian software industry", *Techovation*, Vol. 35, No. 7, 2002, pp. 253 – 265.

（Bengtson and Solvell，2004）① 从产业集群内企业竞争与合作的角度出发，研究了产业集群的创新绩效，从产业集群内企业的结构竞争和关系竞争两个维度出发，分析产业集群竞争氛围对产业集群创新的重要推动作用；Fosfuri 和 Rфnde （2006）②，以及 Iammarino 和 Cann （2006）③、Giuliani 和 Bell （2005）④ 从产业集群内企业知识能力的异质性出发，构建了类似于分工学习的产业集群创新模式；欧洲创新环境研究小组的学者提出"创新环境"和"集体学习"概念，将产业的地理集聚与创新联系起来，开辟了产业集群研究的新天地。从理论上说，产业集群大多数创新活动均涉及众多的行为主体，产业集群网络是创新的催化剂⑤。固而，以 Granovetter （1973）⑥ 为代表的新经济社会学家认为，产业集群内部行为主体之间容易形成一种嵌入社会结构的共同产业集群网络文化，基于这种非制度性的文化约束，专家、研究人员和开发人员相互信任和交流，促使创新知识和信息在产业集群内部的流通和扩散。

（二） 国内研究

国内较早研究产业集群创新问题的学者为王缉慈 （2001）⑦，她指出培养具有地方特色的产业集群，营造区域竞争环境，强化区域竞争优势是增强国力的关键。盖文启 （2001）⑧ 则较为系统地研究了区域产业集群创新网络，构架了区域创新网络的一般理论，运用规模经济和范围经济、交易成本、竞争优势、创新等理论建立了产业集群创新网络理论体系。吴晓

---

① Bengtson，M. and Solvell，O.，"Climate of competition，clusters and innovative performance"，*Scand J Mgmt*，No. 20，2004，pp. 225 – 244.

② Fosfuri，A. and Rфnde，T.，"Foreign direct investment and spillovers through workers' mobility"，*Journal of International Economics*，Vol. 53，2006，pp. 205 – 222.

③ Iammarino，S. and McCann，P.，"The structure and evolution of industrial clusters: transactions，technology and knowledge spillovers"，*Research Policy*，Vol. 35，No. 7，2006，pp. 1018 – 1036.

④ Giuliani，M. and Bell，T.，"The micro – determinants of meso – level learning and innovation: evidence from a chilean wine cluster"，*Research Policy*，Vol. 34，No. 1，2005，pp. 47 – 68.

⑤ Deng，Y.，"The value of knowledge spillovers in the U. S. A. semiconductor industry"，*International Journal of Industrial Organization*，Vol. 26，No. 4，2008，pp. 1044 – 1058.

⑥ Granovetter，M. S.，"The strength of weak ties"，*American Journal of Sociology*，Vol. 78，No. 6，1973，pp. 1360 – 1380.

⑦ 王缉慈：《创新的空间：企业集群与区域发展》，北京大学出版社 2001 年版，第 85 页。

⑧ 盖文启、朱华晟：《产业的柔性集聚及其区域竞争力》，《经济理论与经济管理》2001 年第 10 期。

波（2003）① 指出产业集群网络创新受产业集群环境的影响，包括产业集群的创新文化、能力、组织、模式、外部供应商和客户、企业竞争者和产业集群外部知识等环境因素。魏江（2003）② 基于知识流动，结合浙江中小企业集群的案例分析，提出产业集群创新系统，把对企业集群的研究拓展到创新网络角度，构建产业集群的核心价值网络、可控支持网络和不可控支持网络。魏江、叶波（2001）③ 等强调了产业集群文化的嵌入式效应对企业间技术学习的支持作用。叶庆祥、徐海洁（2006）④ 从知识溢出的角度研究了产业集群的创新问题。徐占忱、何明升（2005）⑤ 从产业集群内企业的互动网络角度研究了产业集群创新问题。赖磊、王济干（2006）⑥ 基于模块化理论研究了产业集群的创新能力。朱英明（2003）⑦ 也认为，产业集群的发展壮大，关键在于产业集群拥有的创新优势。李婷、陈向东（2006）⑧ 指出，随着产业集群的不断发展，产业集群能够综合运用多样化的学习模式获得知识，解决问题，并将其转化为竞争力。学习模式差异化必然导致创新能力存在差别。由于产业集群发展过程中组织形式的不断完善，促使产业集群客观上能够采用更多样化的学习模式，从而促进了创新能力的不断提高。蔡宁、吴结兵（2006）⑨ 及魏江、朱海燕（2006）⑩ 等也认为，产业集群的竞争优势源于其持续的创新能力，通过组织间知识的互动学习机制，传递产业集群内创新的特点。

---

① 吴晓波：《企业集群技术创新环境与主要模式研究》，《研究与发展管理》2003 年第 4 期。
② 魏江：《小企业集群创新网络的知识溢出效应》，《科研管理》2003 年第 7 期。
③ 魏江、叶波：《文化视野内的小企业集群技术学习研究》，《科学研究》2001 年第 12 期。
④ 叶庆祥、徐海洁：《基于知识溢出的集群企业创新机理研究》，《浙江社会科学》2006 年第 1 期。
⑤ 徐占忱、何明升：《论产业集群竞争力的性质》，《工业技术经济》2005 年第 1 期。
⑥ 赖磊、王济干：《基于模块化理论的产业集群创新能力研究》，《科技管理研究》2006 年第 2 期。
⑦ 朱英明：《产业集聚论》，经济科学出版社 2003 年版。
⑧ 李婷、陈向东：《产业集群的学习模式及其创新特征研究》，《科技管理研究》2006 年第 2 期。
⑨ 蔡宁、吴结兵：《产业集群组织间关系密集性的社会网络分析》，《浙江大学学报》（人文社会科学版）2006 年第 4 期。
⑩ 魏江、朱海燕：《知识密集型服务业功能论：集群创新过程视角》，《科学学研究》2006 年第 3 期。

（三）小结

国内外产业集群创新理论和实践研究已经表明，创新过程涉及的不同行为主体间相互作用对于创新的成功是重要的，公司不可能孤立地创新，因此，产业集群内企业要比集群外企业具有更强的创新动力，更优的创新绩效。

**四　问题提出**

创新是产业集群竞争力的一个重要来源，产业集群的创新决策能力始终是支撑产业集群持续发展的决定力量。综合国内外学者对于产业集群创新决策的研究，当前有两个问题值得关注：一个是如何对产业集群进行分类，以便开展产业集群企业创新决策问题的研究；另一个是不同类别产业集群结构中，处于不同地位的企业如何采取适当的策略性行为，提升企业创新决策能力，从而提升产业集群的竞争力，使产业集群持续发展。

本书针对以下问题展开研究：如何运用适当的策略性行为提高不同类别产业集群中企业的创新决策能力，进而增强产业集群竞争优势。希望通过研究，为各类产业集群企业的创新决策起到借鉴作用。

# 第二节　研究目的与研究意义

**一　研究目的**

本书依据新产业组织理论的基本逻辑，将策略性行为引入不同类型产业集群企业创新决策的分析中，研究不同类型产业集群中的企业在创新决策过程中，策略性行为的选择对其创新决策能力的影响，试图从新的角度揭示策略性行为选择与产业集群企业创新决策能力的基本属性。

**二　研究意义**

（一）理论意义

运用新产业组织理论，对不同类型产业集群中企业的创新决策能力的解释与研究，是产业集群实践发展和进行理论深入研究的需要。迄今为止，国内外发达和发展中国家不乏依靠内生力量发展起来的，并产生较好绩效的产业集群[①]。笔者通过对相关文献检索和解读，发现不同类型产业

---

① Nizar, J. and Wooders, M., "Price taking equilibrium in economies with multiple memberships in clubs and unbounded club sizes", *Journal of Economic Theory*, Vol. 140, No. 1, 2008, pp. 246–278.

集群中企业创新决策能力的研究却并未引起学术界足够重视。特别是在我国经济社会发展背景下，许多产业集群存在创新能力不足、提高缓慢问题。从国内现有的研究成果看，很多学者从产业集群的普遍意义角度对产业集群企业创新决策能力开展研究，而未从更加深入、系统的理论上提出、解析不同类型产业集群下，企业策略性行为选择对企业和整个产业集群创新决策能力的影响。本书主要从新产业组织理论角度，站在产业集群企业的立场上，运用博弈论，重点分析不同类型的产业集群中，企业策略性行为的选择对企业创新决策能力的提升以及扩散过程的影响。从新的视角丰富与拓展产业组织理论，丰富产业集群内企业创新决策的研究内容。因此，本书有一定的理论意义。

（二）实践意义

在知识经济时代，提高产业集群内企业的创新决策能力是产业集群整体竞争力提升的重要途径之一。一方面，在当前我国产业集群现象十分普遍的情形下，产业集群企业的创新决策能力发育还不够成熟，深入细致地研究不同类型产业集群内企业的创新决策能力，既需要实践的探索，也需要发挥理论在前瞻性研究中的指导作用。另一方面，通过对不同类型产业集群企业创新决策进行研究，有助于政府在制定政策、帮助地方发展过程中更加具有针对性，避免资源浪费和不必要的内耗，加速产业集群的快速发展。

## 第三节　研究方法

**一　文献研究**

为建立本书研究所需的理论框架，本书首先通过大量的文献检索，对以往的研究成果进行综述与回顾，从而对研究所涉及的概念加以界定，对基础理论加以综述。在此基础上，根据研究的需要对现有研究成果加以总结、归纳和整合，形成基于策略性行为的不同类型产业集群企业创新决策机制研究的逻辑思路。

**二　博弈分析**

从经济学角度，运用博弈模型，对不同类型产业集群企业创新决策的博弈关系进行深入分析和比较，探讨影响产业集群企业创新决策的重要因素，从而采取相应的策略性行为。

### 三　案例研究

本书中采用案例分析方法，通过探索性的个案分析，总结基于策略性行为的不同类型产业集群企业创新决策行为选择的若干影响因素，作为对理论研究的补充，以使本书更具有针对性。

## 第四节　本书结构与内容

本书共八章，具体内容说明如下：

第一章介绍了研究背景，提出了要研究的问题、研究目标、研究思路、研究方法及研究内容等，进而形成著作的研究结构。

第二章对国内外产业集群研究起源、相关概念的发展、产业集群的经济特征和分类等进行综述。对产业集群的创新优势、产业集群对创新的影响和创新对产业集群竞争力的影响研究进行述评。在此基础上进行综合性述评，从而为著作的后续研究打下基础。

第三章首先对著作研究过程中涉及的基本概念进行界定，阐述著作研究的理论基础。其次通过比较分析认为，基于产业集群内部产品价值链上不同企业之间关系对产业集群分类的方法更加科学，是本书采纳的产业集群分类方法。再次研究不同类型产业集群企业创新决策与策略性行为的内在关联性，确立本书研究的逻辑起点。最后以基于策略性行为的产业集群分类研究为切入点，运用博弈论、系统论和比较分析方法，形成不同类型产业集群企业创新决策研究的逻辑分析思路，为后续研究作出必要的准备。

第四章描述中小企业群生型产业集群的特征。研究中小企业群生型产业集群的网络关系对企业创新决策的影响，探讨策略性行为下中小企业群生型产业集群企业创新决策。在策略性行为下，产业集群中存在创新的利润空间，产业集群中企业如何采取适当的策略性行为来创新决策，获得更大利润成为研究的核心。运用多维博弈模型，引入三个主要策略性行为包括预告广告信息、提高转换成本和限制性定价，对策略性行为下的中小企业群生型产业集群企业创新决策进行研究。模型表明：在该类产业集群中，多个企业对同类产品进行竞争时，每家企业都应同时考虑几方面策略，并选择适合自身企业特点的最优策略性行为向量组合，如此，产业集群企业的策略性行为创新才能达到利润最大化。运用 Matlap 软件对模型进行模拟分析，证明均衡策略的存在。

第五章对核心企业垄断型产业集群进行描述，归纳核心企业垄断型产业集群特征、企业创新特性和策略性行为下的企业创新特征。在策略性行为下，核心企业为了获取更大利润，会主动采取一些创新决策来获得垄断利润。在纵向控制的框架内研究核心企业在垄断型产业集群中采取策略性行为创新决策的问题。从产品创新程度的角度，探讨产业集群中核心企业的创新行为对中小企业的影响。采用博弈论方法，把合作创新看作是一个垄断企业和多个从属企业的斯坦克尔博格主从博弈，并建立决策模型，核心企业作为主方给出最优参与率策略，中小企业作为从方以总体投入和参与率策略响应。对核心企业垄断型产业集群有无策略性行为创新决策做比较，认为核心企业运用适宜的策略性行为，有针对性的创新，才能实现自身利益最大化。

第六章描述"龙头＋网络"型产业集群特征和创新特性。在策略性行为下，该类产业集群的龙头企业在创新决策中发挥横向支撑作用，为了获取更大的利润，会主动采取一些策略性行为创新。运用主导价格利润分配模型，研究该类产业集群中的寡头垄断（龙头）企业，采取主动与中小企业合作的策略性行为，形成更有利的新均衡。根据斯坦克尔博格博弈思想，占主导地位的寡头垄断企业选择与中小企业合作，在博弈以后总能得到更多的利润，并且随着合作系数的增大，占主导地位的寡头垄断企业的利润也将增大，产业集群总利润也将增大，这必将激发寡头垄断（龙头）企业的创新动力。运用 Matlap 软件对模型进行了模拟分析，结果证明了模型的推论。

第七章以长春汽车产业集群为例，描述了长春汽车产业集群的现状，对长春汽车产业集群创新特征与效应、基于策略性行为的长春汽车产业集群中企业创新决策进行分析，并有针对性地提出了长春汽车产业集群创新决策的建议。案例分析支持了基于策略性行为的核心企业垄断型产业集群企业创新决策研究的结论。

第八章包括主要研究成果及结论、主要贡献、研究局限及进一步需要开展的工作。

本书各部分内容之间的逻辑关系见下图。

```
                    ┌─────────────┐
                    │  研究目标   │
                    └──────┬──────┘
                           │
                   ┌───────┴────────┐
                   │ 相关研究文献述评 │
                   └───────┬────────┘
                           │
              ┌────────────┴─────────────┐
              │ 策略性行为与不同类型产业集群 │
              │      企业创新决策         │
              └────────────┬─────────────┘
                           │
        ┌──────────────────┼──────────────────┐
        │                  │                  │
┌───────┴────────┐ ┌───────┴────────┐ ┌───────┴─────────┐
│ 中小企业群生型产业集群 │ │ 核心企业垄断型产业集群 │ │"龙头+网络"型产业集群企│
│ 企业创新决策模型研究 │ │ 企业创新决策模型研究 │ │ 业创新决策模型研究  │
└───────┬────────┘ └───────┬────────┘ └───────┬─────────┘
        │                  │                  │
┌───────┴────────┐ ┌───────┴────────┐ ┌───────┴─────────┐
│   多维博弈模型   │ │   主从博弈模型   │ │ 主导价格利润分配模型 │
└───────┬────────┘ └───────┬────────┘ └───────┬─────────┘
        │                  │                  │
        │          ┌───────┴────────┐         │
        │          │    案例分析    │         │
        │          └───────┬────────┘         │
        │                  │                  │
        └──────────────────┼──────────────────┘
                           │
                   ┌───────┴────────┐
                   │   结论与展望    │
                   └────────────────┘
```

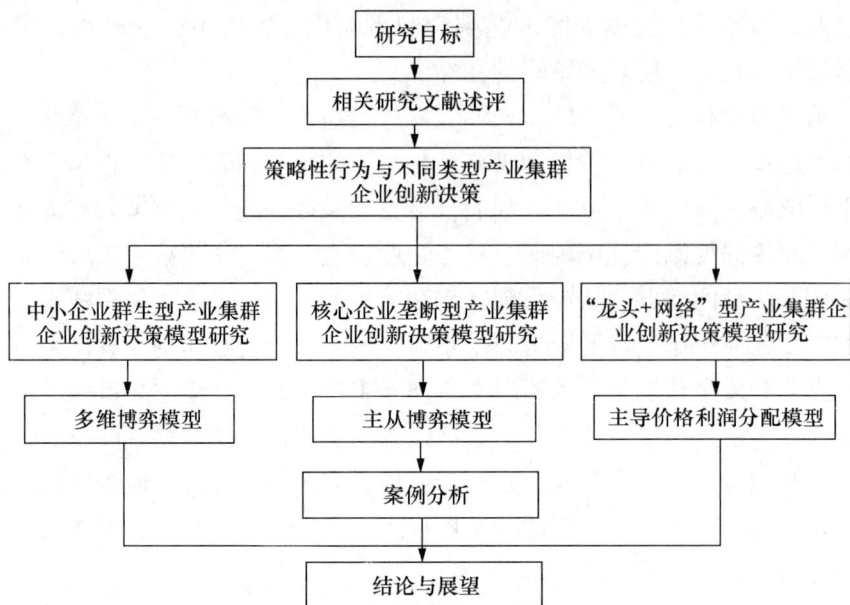

**本书研究的逻辑关系**

# 第二章　相关文献述评

近年来，对产业集群的研究方兴未艾。学术界在产业集群机理、技术创新、网络以及基于产业集群的产业政策和实证研究等方面取得了巨大成绩。很多学者的研究结论成为许多国家和地区制定产业政策的依据，并且在实践中取得了非常好的经济效果。本部分主要回顾和评述有关产业集群研究的进展、前沿以及近年来的主要研究成果，并以此为起点开展研究工作。

## 第一节　国内外产业集群研究进展

### 一　国外产业集群研究

#### （一）产业集群的研究起源

国外对产业集群的研究最早可以追溯到马歇尔（Marshal，1890）[①] 的产业区理论，他将地域相近的企业和产业的集中区域称为"产业区"（Industrial District），并指出：产业集聚的原因在于为了获取外部规模经济所能提供的好处。这种好处包括提供协同创新的环境，共享辅助性工业的服务和专业化的劳动力市场，平衡劳动力需求结构和方便顾客等。遗憾的是，主流经济学在马歇尔之后并没有对产业区现象进行更深入的研究。

Knorringa（1998）[②] 研究指出，传统产业集群依托当地手工技艺，在家族式的长期信任社会基础上，形成大量中小企业的集中。但随着全球化

---

[①]　马歇尔：《经济学原理》，章洞易缩译，南海出版社2010年版，第78页。

[②]　Knorringa, P. and Meyer, S., "New dimensions in enterprise cooperation and development: from clusters to industrial districts", *New Approaches to Science and Technology Cooperation and capacity Building*, No. 10, 1998, pp. 58 – 62.

的深入发展，经济一体化趋势逐渐加强。韦伯（Webber, 1909）[①] 的传统经济学理论认为，在交通和通信日益发达的背景下，区域和地理的因素会逐渐淡化。然而实际上，一个值得关注的现象却是各国和各地区的经济不仅没有失去独立性；相反，要素、资源和经济活动越来越集中于某些特定地区[②]，在空间分布上呈现地理集聚现象，形成具有一定独立性的产业集群。比较典型的例子有美国加州硅谷的高科技产业集群、意大利东北部地区的纺织业产业集群和印度班加罗尔的软件业产业集群等。

国际上，对产业集群的兴趣来自"第三意大利"（包括意大利中部和东北部七个省）的经验。意大利社会学家 Becattini（1990）将"第三意大利"称作"马歇尔式产业区"。波特（1990）在研究国家竞争优势过程中，注意到一国的优势产业往往在地理上集聚，从而开始对集聚经济进行研究。波特之后，产业集群吸引了不同学科研究人员的注意力，成为国外理论研究的热点。

（二）产业集群的相关概念

1. 产业集群的不同称谓

在各国研究文献中，对"产业集群"采用了多种称谓，例如"产业群"、"企业集群"、"区域企业集群"、"产业区"，等等。事实上，企业集群是一定量企业基于一定的内在原因（如马歇尔外部经济）在地理位置上的集中，这种现象就是企业集群。"集群"二字昭示在特定区域相关或不相关企业的集结成群，从而获得竞争优势的现象和机制。同时，这些相关企业可能共存于某种特定产业内，并相邻于相关支撑产业[③]。因此，使用"产业群"或"产业集群"概念能体现其具有的特定产业内涵。此外，产业集群除了包括本地企业之外，还包括提供研究和技术性支持的政府机构以及其他机构，例如大学、智囊团、专门培训教育机构、行会等。这样看来，产业集群不仅涵盖企业集群，而且包括特定区域的非企业机构。"产业区"的概念来自韦伯（1909）[④] 的《工业区位论》，他从区位因素来研究产业的集聚，并将基于特定区位因素或禀赋因素而形成的产业

---

① 韦伯：《工业区位论》，商务印书馆1997年版，第98页。

② Sebnem, K. and Elhanan, H., "The mystery of economic growth", *Journal of International Economics*, Vol. 68, No. 2, 2006, pp. 518 – 527.

③ 马歇尔：《经济学原理》，商务印书馆1997年版，第43页。

④ 韦伯：《工业区位论》，商务印书馆1997年版，第79页。

集聚区域称为"产业区"。

2. 产业集群与产业集聚

韦伯（1909）把区位因素分为区域因素和集聚因素。集聚因素可分为两个阶段，第一阶段仅通过企业自身的扩大而产生集聚优势，这是初级阶段；第二阶段是各个企业通过相互联系的组织形成地方工业化，这是高级集聚阶段。显然，高级阶段的产业集聚就是我们所讨论的产业集群。随着产业集群理论研究的深入，国际上不少文献把产业集群作为产业集聚的代名词，探讨外部经济和集体效率对降低成本和促进创新的意义。

从概念来讲，产业集聚是指某一产业在地理空间上的集中，它侧重于某个产业的区域分布与工业整体的区域分布对比，描述某个产业的空间分布状态。产业集群侧重于对相关企业和机构集中于某一地区而形成有机整体的描述。比较而言，"集聚"容易让人仅仅从集聚的意义上去理解，而"集群"既能直接体现集聚的动态意义，又能体现群体、群落的内涵。

产业集群所具有的竞争优势是产业集聚难以相比的[①]，产业集聚不等于产业集群，产业集聚仅仅描述某一领域相关企业在地理上的集中和接近，产业集群揭示了在一些地方相关企业集结成群，从而获得竞争优势的现象和机制[②]。因此，本书认为，产业集群可以看做是特定产业的集聚现象，特定产业的集聚是产业集群形成和发展的基础。

3. 产业集群的内涵界定

随着产业集群研究的兴起，学术界分别从各自不同的研究角度对产业集群内涵进行界定。

波特（1998）[③] 将产业集群定义为：某一特定领域内互相联系、在地理位置上集中的公司和机构的集合。他认为，"产业集群包括一系列对竞争起重要作用的、相互联系的产业和其他实体。例如，包括零部件、机器和服务等专业化投入的供应商和专业化基础设施的提供者。产业集群还经常向下延伸至销售渠道和客户，并从侧面扩展到辅助性产品的制造商，以及与技能、技术或投入相关的产业公司。此外，许多产业集群还包括提供专业化培训、教育、信息研究和技术支持的政府和其他机构——例如大

---

① 魏后凯：《对产业集群与竞争力的考察》，《经济管理·新管理》2003 年第 6 期。

② 王缉慈：《地方产业群战略》，《中国工业经济》2002 年第 3 期。

③ Porter, M., "Clusters and the new economics of competition", *Harvard Business Review*, 1998, 98 (2): 77 – 90.

学、标准的制定机构、智囊团、职业培训提供者和贸易联盟等"。

恩赖特（Enright，1997）[①] 认为，产业集群是一组商业企业或非商业组织，对于该组织内成员的个体来说，产业集群是竞争力的重要因素。促使产业集群企业联系起来的是客商和供应商关系，或共同的技术，共同的客商或配送渠道，或共同的劳动力市场。非商业组织包括产业协会，与专业化的产业项目和政府的产业发展项目相一致的社区学院、网络经纪人等。共同的供求关系或共同技术，共同客商或分配渠道，或者共同的劳动力市场，是企业群体结合起来的动因。

OECD（2001）[②]（经济合作与发展组织）提出，产业集群可以描述为有众多相互依赖的企业（包括专业化的供应商）、知识生产机构（大学、研究院所及技术职称机构）和一些中介服务机构以及客户组成的生产网络。

汉弗莱和施米茨（Humphrey and Schmitz，2001）[③] 对产业集群的定义为：产业集群是生产和销售一系列相同或相关的产品而面临共同挑战和机遇的企业在部门上和地理上的集中。这些集中能够提高外部经济性，例如出现原料和零部件的专业供应商，专业技能的劳动力市场，以及在技术、管理和金融等方面提供专业服务。同时，网络是在一个共同发展项目上专业化合作和互补解决共同的问题以产生集体效率，并渗透到个体企业所达不到的市场上去的集合[④]。产业集群具有网络带来的集体效率特性。

（三）产业集群的经济特征

1. 地理聚集性

产业集群通常集中在某个特定的地理区域，即企业在特定的区位扎堆。波特（1990）[⑤] 研究指出，一个国家在国际上成功的产业，其企业在

---

① Enright, M., "Regional clusters and firm strategy", Paper Presented at the Prince Bentil Symposium on the Dynamic Firm, Stockholm, 1997, pp. 12 – 15.

② OECD, *Proceedings, world congress in local clusters: Local networks of enterprises in the world economy*, 2001.

③ Humphrey, J. and Schmitz, H., *Principles for promoting clusters and networks of SMEs*, *paper commissioned by the small and medium enterprises branch of the united nations industrial development organization*, 2001.

④ Paola, G. Matteo, P., Francesco, R. and Salvatore, T., "Skills, division of labor and performance in collective inventions: evidence from open source software", *International Journal of Industrial Organization*, Vol. 28, No. 1, 2010, pp. 54 – 68.

⑤ Porter, M., "*Competitive advantages of nations*", New York: Harvard University Press, 1990.

地理上呈现集中的趋势。他认为，地理的集中可以提高产业集群的生产率、降低交易费用，有利于信息积累、传递和扩散，在较小的地理范围内面对面地交流信息，形成相互信任的氛围，促进社会学习的过程。如美国底特律的汽车城、斯坦福大学旁边的硅谷、印度的班加罗尔软件业都具有明显的地理集中性。

2. 充分合作与有效竞争

德莫特（Dermot，2007）[1] 研究指出相对于地理上分散的产业直接竞争者而言，产业集群内有更多的合作和更激烈的竞争。由于相关企业在地理上的集聚和在产品上的关联性，形成了产业集群内的公共基础设施、信息、人力资源、市场、供销渠道等社会资源共享，这就减少了企业的基本建设投资，降低了人员培训费用，减少了企业的交易成本，利于企业扩大生产规模和提高生产率；企业间互相学习管理经验，促进了专业知识的传播和新技术的推广应用。

产业集群内企业间的合作既是优势[2]，又是企业间形成互相竞争的重要条件。强有力的竞争是为赢得消费者并长期吸引住顾客，合作则是为了在新的层次上赢得竞争优势的一部分，因此竞争与合作共存。

3. 专业化分工与弹性专精

产业集群的区域集中化程度越高，单个企业的专业化程度就越高，企业的"生产规模"也就越小，从而专业化分工得到深化。产业集群分工协作是基于产品价值链不同环节的链接，占据核心环节的企业将对产业集群发展起主导作用[3]。企业集聚后，产业集群内存在专业化分工，通过纵向专业化分工和横向经济协作实现弹性专精的生产和经营活动，企业间能形成比较完整的分工网络[4]。这种高度的专业化分工不仅能弥补企业规模的不足，而且由于小企业在整个产业集群的分工体系中将自己限于产业价值链的某一特定环节，有利于企业提高生产效率，并在技术和工艺方面形

① Dermot, L. and Peter, J., "Absorptive capacity, R&D spillovers, and public policy", *International Journal of Industrial Organization*, Vol. 25, No. 5, 2007, pp. 1089 – 1108.

② Bourreau, M. and Doǧan, P., "Cooperation in product development and process R&D between competitors", *International Journal of Industrial Organization*, Vol. 28, No. 2, 2010, pp. 176 – 190.

③ Ting – Lin, L., "Action strategies for strengthening industrial clusters in southern Taiwan", *Technology in Society*, No. 28, 2006, pp. 533 – 552.

④ Eliaz, K., Ray, D. and Razin, R., "Group decision – making in the shadow of disagreement", *Journal of Economic Theory*, Vol. 132, No. 1, 2007, pp. 236 – 273.

成自己的特色。

4. 技术扩散和本地化学习

马歇尔（1890）[①] 认为，企业集群有利于技术、信息、诀窍和新思想在群落内企业之间的传播与应用。他提出：行业的秘密不再成为秘密，而似乎是公开了，同行们不知不觉得到了许多秘密。产业集群中的知识资源外在表现为人力资源、技术资源以及信息资源。有效率的工作受到正确的赏识，机械上的制造方法和企业一般组织上的发明和改良成绩得到迅速扩散。如果一个人有了新思想，就为别人所采纳，并与别人的意见结合起来，因此，它就成为更新的思想之源泉[②]。技术创新的单向扩散表明：技术创新由初始扩散源扩散，而且由技术创新的采用企业继续向其他企业扩散[③]。技术创新的复合扩散只是采用创新的部分企业将技术扩散[④]。事实也证明，产业集群内的知识和技术的扩散要明显快于非集群化的企业。利用信息网络，通过建立共同的信息基础以及同步设计，在创建产业集群范围的知识资源方面取得成功[⑤]。网络在知识的生产、转移与重组中比起单一企业更为有效，但前提条件是创造出协调规则，促进成员的合作。产业集群是一个学习性区域，内部主体要素相互学习交流，内部信息流动快速。从单个企业的层次来看，其技术学习的绩效依赖于本身的技术吸收能力，包括技术知识的识别、同化和利用的能力。产业集群内企业因为有着相似的产业文化、行为方式、技术轨道和多种多样的沟通联系渠道，使专注于在集群内开展技术学习的每个企业都具备了相对较强的技术吸收能力，从而大大提高产业集群内多边学习和技术扩散的效率[⑥]。当然，有效的扩散政策在加速扩散进程中起着非常重要的作用。

5. 本地根植性

产业集群中的企业不仅仅在地理上接近，更重要的是它们之间存在很

---

① Marshal：《经济学原理》，章洞易缩译，南海出版社 2010 年版，第 86 页。

② 王缉慈等：《"全球化背景下的地方产业集群战略"课题报告》，2002 年。

③ 王开明、张琦：《技术创新扩散及其壁垒微观层面的分析》，《科学学研究》2005 年第 1 期。

④ 吴添祖、姚杭永：《基于产业集群的技术创新扩散绩效研究》，《科技进步与对策》2004 年第 2 期。

⑤ 李金华、孙东川：《创新网络的演化模型》，《科学学研究》2006 年第 2 期。

⑥ Olivier, B. and Pluvia, Z., "R&D and M&A: are cross - border M&A different? An investigation on OECD countries, International", *Journal of Industrial Organization*, Vol. 24, No. 2, 2006, pp. 401 - 423.

强的本地化经济、社会、文化和政治等方面的联系。产业集群正是依赖经济主体之间频繁的互动和联系而产生稳定的企业组织结构。理解产业集群，必须强调产业集群的根植性，强调隐含于主要企业之间的特殊产业文化。

本研究所指出的产业集群根植性，意在突出各区域发展战略的产业集群视野。各集群区域必须注重培养产业集群的根植性，使之形成一种留住和吸引更多企业的"黏性"。这种"黏性"就是其他区域集群所无法直接复制的根植性。

（四）产业集群的研究

近年来，国外学者对产业集群的研究多集中在创新与社会网络角度，社会经济网络分析逐渐成为产业集群研究的范式。

以 Granovetter（1999）[①] 为代表的新经济社会学家研究发现，产业集群内行为主体之间容易形成一种嵌入社会结构的共同产业集群文化，基于这种非制度性的文化约束，专家、研究人员和开发人员相互信任和交流，促使创新知识和信息在产业集群内部的流通、扩散。从后福特制的组织范式和市场与企业之间中间组织的角度对产业集群网络形成机制的分析也是比较流行的[②]。波特（1998）[③] 指出，地理上的集中促进技术的创新和升级：企业的技术创新成果出现，会使邻近的竞争者嫉妒与模仿；企业群与大学、科研机构的接近便于二者的相互支持，推进技术成果的商业化进程；供应商也会因靠近研究与开发活动而创新；企业员工间的互动、跳槽等行为也会促进技术创新成果的扩散。Saxenian（1994）[④] 认为区域创新网络有正式合作网络和非正式合作网络，网络形式能够有效传递和扩散各类知识，特别是隐性知识。

Keeble 和 Lawson（1999）[⑤] 通过实证分析总结出产业集群的网络学习

---

① Granovetter, M., Problems of explanation in economic sociology, in nohria and R. Eccles (Eds.), Network and organizations: form and action Cambridge MA, New York: Harvard Business School Press, 1999.

② 安虎森、朱妍：《产业集群理论及其进展》，《南开经济研究》2003 年第 3 期。

③ Porter, M., "Clusters and the new economics of competition", *Harvard Business Review*, 1998, 98（2）：77 - 90.

④ Saxenian, A., *Regional advantage: culture competition in Silicon Valley and Route 128*, New York: Harvard University Press, 1994.

⑤ Keeble, D. and Lawson, C., "Collective learning processes, networking and institutional thickness in the Cambridge Region", *Regional Studies*, Vol. 33, No. 2, 1999, p. 319.

机制：显性技术和企业家的本地流动与企业衍生，企业网络的交互活动，研究技术人员的本地流动等。欧洲创新环境研究小组学者提出了"创新环境"和"集体学习"概念，将产业的地理集聚与创新联系起来，开辟了产业集群研究的新天地。欧洲中小企业研究将网络引入区域集群的概念，并定义为：在功能上相互联系的企业在一定地理范围内的集中。他们将区域集群加上支撑它的组织体系一起构成区域创新系统，从而形成一个通过产业集群企业的创新活动并产生竞争优势的区域创新体系。Piero（2004）[1] 从产业集群的知识整合与竞争范围角度研究了产业集群的绩效，认为产业集群行为主体间的知识整合水平与经济活动范围是影响经济绩效的关键参数，据此建立模型并进行大量实证分析，其研究表明，知识整合水平和竞争范围是两个相互促进的因素，共同影响集群的绩效水平。

Lorenzon（1998）[2] 通过实证分析，研究了产业集群内企业的信息成本特点，解释了不同的信任在不同产业集群的存在原因和地理接近与信息成本的关系。Gabriel、Marta 和 Marin（2000）[3] 通过对大众公司在阿根廷企业的研究，探讨了产业集群内企业关联度、创新能力和社会管理技能。Henderson、Shalizi 和 Venables（2001）[4] 等从经济发展和地理的角度探讨：产业为什么会集群，新集群是如何形成的，脱离集群的后果等问题。Grabher（1993）[5] 在研究北美和欧洲老工业区的衰退状况以后，认为过度集聚对老工业区存在负效应，即锁定效应和路径依赖现象，他认为长期地方化的产业集群会失去活力，锁定和路径依赖将阻碍产业结构重组，不利于区域产业的发展。

可见，国外集群研究主要集中在产业集群的机理、技术创新、组织创新、社会资本、经济增长与产业集群的关系、基于产业集群的产业政策和实证研究等方面。

---

① Piero, T., "Morosini industrial clusters, knowledge integration and performance", World Development, Vol. 32, No. 2, 2004, pp. 38 – 46.

② Lorenzon, M.：《创新聚集——产业创新手册》，清华大学出版社 1998 年版，第 99 页。

③ Gabriel, Y., Marta, N. and Marin, A., *Production networks linkages, innovation processes and social management technologies, a methodological approach applied to the Volkswagen case in Argentina*, 2000.

④ Henderson, J., Shalizi, Z. and Venables, J., "Geography and development", *Journal of Economic Geography*, No. 1, 2001, pp. 48 – 57.

⑤ Grabher, G., *The embedded firm on the socioeconomics of industrial networks*, London：Routledge, 1993.

### 二　国内产业集群研究

我国对产业集群的初始研究始于 20 世纪 90 年代，而大量研究则是 2000 年以后。目前，国内对产业集群以及创新体系的研究主要从专业化分工、柔性生产方式、知识溢出以及社会网络等角度，分析产业集群以及创新网络的形成机制、过程以及产业集群的竞争优势。

#### （一）研究回顾

国内较为系统地研究产业集群与创新的学者是王缉慈（2001）①。她概括了产业集聚理论与新产业区理论，指出培养具有地方特色的企业集群，营造区域竞争环境，强化区域竞争优势是增强国力的关键；并分别讨论高科技产业与传统产业集群，同时讨论了产业集群与区域创新的关系。

仇保兴（1999）② 定义产业集群为：由一群彼此独立但相互之间有特定关系的小企业组成，特定关系中隐含着专业化分工和协作，集群存在企业间的互补和竞争关系，而信任等人文因素是维持集群运行并使其面对外来竞争时拥有独特的竞争优势。

慕继丰等（2001）③ 认为，企业网络是许多相互关联的公司或企业及各类机构为解决共同问题而通过一段时间的持续互动形成的发展共同体，包括三类相互联系、持续互动的组织：相似或相关的企业；政府有关部门和机构及其他中介机构；高水平研究机构和大学。王缉慈等（2002）④ 认为，产业集群用来定义在某一特定的产业及其相关领域中，大量联系密切的企业以及相关支撑机构，如行业协会、金融机构、职业培训机构和科研机构等，在空间上集聚，并形成强劲、持续竞争优势的现象。

盖文启（2003）⑤ 较为系统地研究了区域创新网络，系统地构架了区域创新网络的一般理论，运用规模经济、范围经济、交易成本、竞争优势和创新等理论建立了区域创新网络理论体系，研究新产业区（集群）内部创新网络机制，提出区域创新网络的组成要素，包括：组成网络的主要节点、各节点之间的连接关系以及网络中流动的生产要素及创新资源。魏

---

① 王缉慈：《创新的空间：企业集群与区域发展》，北京大学出版社 2001 年版，第 108 页。

② 仇保兴：《小企业集群研究》，复旦大学出版社 1999 年版，第 68 页。

③ 慕继丰、冯宗宪、李国平：《基于企业网络的经济和区域发展理论》，《外国经济与管理》2001 年第 3 期。

④ 王缉慈等：《“全球化背景下的地方产业集群战略”课题报告》，2002 年，第 35 页。

⑤ 盖文启：《创新网络：区域经济发展新思维》，北京大学出版社 2003 年版，第 97 页。

江（2003）① 认为，产业集群是同一产业领域内相互联系的众多企业因空间集聚而形成的一种产业组织形态。蔡宁（2002）② 认为，产业集群中企业是互相依赖的，而不是独立的，产业集群企业之间具有一定的结构。

石忆邵和厉双燕（2007）③ 将产业集群概括为五种机制。刘军国（2001）④ 把协作纳入报酬递增理论体系，构建了报酬递增的产业集群微观机制模型。宁钟（2001）⑤ 认为产业集群存在进入、退出、劳动力市场、技术溢出以及需求的动态变化。魏江（2003）⑥ 基于知识流动，结合浙江中小企业集群的案例分析，提出区域集群创新系统，把对企业集群的研究拓展到区域创新网络角度，构建产业集群的核心价值网络、可控支持网络和不可控支持网络。李凯和李世杰（2004）⑦ 以沈阳装备制造业为背景，较早地研究了装备制造业集群的网络结构，拓展了产业集群研究的范围，把装备制造业集群纳入产业集群的研究视野，并针对装备制造业发展中存在的问题，从产业集群网络化角度提出一系列政策建议。王霄宁和王轶（2005）⑧ 等运用新经济社会学中的社会网络理论，讨论了产业集群网络结构对企业创新能力的影响。

（二）产业集群的竞争优势

国内对产业集群的竞争优势主要从产业优势和区域优势两个角度进行研究。

魏守华和石碧华（2002）⑨ 归纳了产业集群竞争优势的相关理论：基于直接经济因素的企业集群竞争理论，以哈佛商学院波特为代表，具体表现为生产成本优势、基于质量的产品差异化优势、区域营销优势、市场竞争优势四个要素；以新产业区、加利福尼亚和北欧学习型经济这三个相似学派为代表，强调非直接经济因素重要性的企业集群竞争理论区域创新系

---

① 魏江：《产业集群：创新系统与技术学习》，科学出版社 2003 年版，第 39 页。

② 蔡宁：《企业集群的竞争优势——资源的结构性整合》，《中国工业经济》2002 年第 7 期。

③ 石忆邵、厉双燕：《长三角地区三种企业集群发展模式比较研究》，《南通大学学报》（社会科学版）2007 年第 4 期。

④ 刘军国：《传统产业集群中的报酬递增》，《技术经济》2001 年第 1 期。

⑤ 宁钟：《国外创新与空间集群理论评述》，《经济学动态》2001 年第 3 期。

⑥ 魏江：《小企业集群创新网络的知识溢出效应》，《科研管理》2003 年第 7 期。

⑦ 李凯、李世杰：《装备制造业集群网络结构研究与实证》，《管理世界》2004 年第 12 期。

⑧ 王霄宁、王轶：《新经济社会学视角下基于社会网络分析的产业集群定量化研究》，《系统工程》2005 年第 2 期。

⑨ 魏守华、石碧华：《论企业集群的竞争优势》，《中国工业经济》2002 年第 1 期。

统；集群竞争优势来源于生产成本优势、区域营销优势、国内以及国际市场竞争四个要素。盖文启和朱华晟（2001）① 提出，区域之间的竞争实际上是集群的竞争，区域竞争力的获得又可以从交易成本、外部经济和创新三个方面进行理论解析，而柔性专业化分工对于区域竞争力的作用重大。

王缉慈和童昕（2001）② 认为，产业集聚可以从纯经济学角度、社会学角度和创新学角度提升区域竞争力。首先，从纯经济学角度看，产业集聚可以带来外部经济，包括外部规模经济和范围经济，不同企业分享公共基础设施和专业劳动力资源，节约了生产成本，促进企业之间的分工和生产灵活性。其次，从社会学角度，企业之间相互靠近，可以在长期交往中逐渐建立起人与人之间的信任关系，并形成保障这种信任关系的社会制度安排，从而积累社会资本，降低交易费用，形成地方特色产业的独有声誉，吸引新的客户和生产者。最后，从创新学角度看，相关企业集聚可以促进专业知识的传播扩散，尤其是隐性经验类知识的交流，能激发新思想、新方法的应用，促进学科交叉和产业融合，不断出现新产业和新产品。

我国学者在研究国内产业集群的理论与实践过程中，能够跟踪国际理论研究前沿，结合具体的区域实践来分析③。但是，把策略性行为引进产业集群企业创新进行研究的并不多见，国内很少有学者系统地研究策略性行为下不同类型产业集群企业创新决策模式。

## 第二节　产业集群分类研究进展

### 一　国外产业集群的分类研究

波特教授按照产业集群内部的产业间联系，把产业集群分为横向联系的产业集群和纵向联系的产业集群。

水平划分是指产业集群由生产类似产品并互相竞争的企业组成，这种划分在产业集群形成和专业化早期扮演了重要角色。

---

① 盖文启、朱华晟：《产业的柔性集聚及其区域竞争力》，《经济理论与经济管理》2001 年第 10 期。
② 王缉慈、童昕：《简论我国地方企业集群的研究意义》，《经济地理》2001 年第 5 期。
③ 陈剑锋：《国外产业集群理论研究综述》，《外国经济与管理》2002 年第 8 期。

垂直划分是指产业集群由附属的企业和供应商、服务和客户关系通过网络交互联系在一起的企业组成。

产业集群的定义是由波特教授给出并修正的，并且该定义成为学者认可度最高的定义，而由该定义衍生出来的分类无疑也是最具有影响力的分类方法之一。

马库森（Markusen，1996）[①] 将产业集群分为：马歇尔式产业集群，意大利式产业集群为其变体形式；轮轴式产业集群，其地域结构围绕一种或几种产业的一个或者多个主要企业；卫星平台式产业集群，主要是跨国公司的分支工厂组成；国家依赖式产业区。马库森的分类方法深入人心，很多国内外学者在研究集群分类时都不约而同地参考了他的分类方法。彼得和乔格（Peter and Jorg，1998）[②] 在其分类的基础上，把产业集群分为意大利式产业集群、卫星式产业集群和轮轴式产业集群，并归纳了不同类型产业集群的特征，具体见表2-1。

表2-1　　　　　　　　以马库森理论为基础的产业集群分类

| | 意大利式产业集群 | 卫星式产业集群 | 轮轴式产业集群 |
| --- | --- | --- | --- |
| 主要特征 | 中小企业居多；专业化强，地方竞争激烈，合作网络，基于信任的关系 | 中小企业居多；依赖外部企业，基于低廉的劳动力成本 | 大规模地方企业和中小企业；明显的等级制度 |
| 主要优点 | 柔性专业化；产品质量高，创新潜力大 | 成本优势；技能、隐性知识成本 | 柔性，大企业作用重要 |
| 主要缺点 | 路径依赖；面临经济环境和技术突变时反应缓慢 | 销售和投入依赖外部参与者；有限的决策影响了竞争优势 | 整个产业集群依赖大企业的绩效 |
| 典型发展轨迹 | 停滞、衰退内部劳动分工的变迁，部分活动外包给企业区域；轮轴式结构的出现 | 升级，前向和后向工序的整合，提供客户全套产品或者服务 | 停滞、衰退（如果大企业停滞、衰退）升级，内部分工变化 |

---

① Markusen, A., "Sticky places in slippery spaces: A typology of industrial districts", *Economic Geography*, No. 72, 1996, pp. 293 – 313.

② Peter, K. and Jorg, M., "New dimension in local enterprise cooperation and development: from clusters to industrial districts, advanced technology assessment system", New Approaches to Science and Technology Cooperation and Capacity Building in Italy, Geneva, 1998, pp. 245 – 287.

续表

| | 意大利式产业集群 | 卫星式产业集群 | 轮轴式产业集群 |
|---|---|---|---|
| 政策干预 | 集体行动形成区域优势，公共部门和私营部门合营 | 中小企业升级的典型工具 | 大企业、协会和中小企业支持的合作，从而增加了中小企业的实力 |

资料来源：Markusen，A.，"Sticky places in slippery spaces：A typology of industrial districts"，*Economic Geography*，No. 72，1996，pp. 293 – 313。

Maccann、Arita 和 Gordon（2002）运用成本交易理论将产业集群分为纯集聚体、产业综合体和社会关系网络三类，并对不同种类产业集群的特点、入群条件、空间分布等进行了深入研究，具体见表2－2。

表2－2　　　　　　　　基于交易成本观点的产业集群分类

| 特征 | 纯集聚体 | 产业综合体 | 社会关系网络 |
|---|---|---|---|
| 公司规模 | 小 | 部分企业较大 | 变化 |
| 企业间关系的特点 | 无法确定、不稳定 | 可确认、稳定的贸易关系 | 信任、忠诚合作，共同承担风险，机会主义行为少 |
| 成员资格 | 开放 | 封闭 | 部分开发 |
| 入群条件 | 土地租金 | 封闭 | 部分开放 |
| 空间结果 | 土地租金 | 对租金无影响 | |
| 空间分布 | 城镇 | 非城镇 | 非城镇 |
| 案例 | 竞争性城市经济 | 钢铁、化工产业综合体 | 新产业区 |
| 分析方法 | 纯集聚模型 | 投入产出分析 | 社会关系网络理论 |

这种分类方法以产业集群内企业联系的紧密程度为依据，根据企业在交易过程中节省交易成本的大小来进行分类。然而这种分类方法并不妥当，从严格意义上来讲，产业集群不同于产业集聚。

迈克尔（Michael，1997）[①] 充分吸收了其他学者的成果，提出了一个以市场导向和协作方式为基础的分类方法，将产业集群分为四类：一是手工艺（传统工业产业群，如意大利的制鞋业）；二是组装的生产网络（如

---

① Michael，A.，"Technological leaning and innovation in industrial clusters in the south"，SPRU. Electronic Working Papers Series，1997，pp. 7 – 12。

韩国的消费电子配件）；三是高技术综合体（园区）；四是基于大企业的工业中心。

埃莉萨、卡伯和罗伯塔（Elisa，Carb and Roberta，2004）[①] 研究了拉丁美洲 11 个不同的产业集群，按照产业集群的不同学习和升级方式，将拉丁美洲当前最普遍存在的产业集群划分为传统制造业产业集群、自然资源依赖型产业集群、复杂产品产业集群和专业供应商产业集群四种类型。

1998 年，联合国贸易与发展会议根据产业集群内企业的技术总体水平、产业集群变化的广泛性以及产业集群内企业间的协作与网络化程度三个标准，将产业集群分为非正式集群、有组织集群、创新集群、科技集群和孵化器以及出口加工区等五种类型。

施米茨（1995）[②] 认为，产业集群有两种差异明显的发展道路，形成两类产业集群：创新型产业集群和低成本型产业集群。高端道路和创新型产业集群，以在欧洲成功的产业区为典型，其特征是创新、高质量、功能灵活和良好的工作环境，在良好的法规制度下企业间自觉发展合作关系。低端道路和低成本型产业集群，其参与竞争的基础是低成本，廉价的原材料，大量廉价劳动力。

## 二　国内产业集群的分类研究

我国学术界对产业集群分类的研究始于 20 世纪 90 年代末，很多学者都对产业集群分类进行了专门探讨。

仇保兴（1999）[③] 根据产业集群的结构状况，将产业集群分为：一是市场型产业集群，其特征是群内企业之间的关系以平等的市场交易为主，各生产企业以水平联系来完成生产的产业集群；二是以大企业为中心，众多小企业为外围而形成的"锥形"（也称中心—卫星工厂型）产业集群；三是以信息联系为主而不是以物质联系为主，以计算机辅助设计和制造业柔性生产方式进行生产的"混合网络"型企业群。

国家发展和改革委员会工业司综合处将我国产业集群分为三类：一是

---

① Elisa, G., Carb, P. and Roberta, R., "Upgrading in global value chains: lessons from Latin American clusters", The Second Globelics Conference Innovation Systems and Development: Emerging Opportunities and Challenges, in Beijing China, 2004.

② Schmitz, H., "Collective efficiency: growth path for small – scale industry", *Journal of Development Studies*, Vol. 31, No. 4, 1995, pp. 529 – 566.

③ 仇保兴：《小企业集群研究》，复旦大学出版社 1999 年版，第 77 页。

古典的产业集群——"马歇尔产业区"；二是"龙头＋网络"的形式，其特征是龙头企业在研发、生产、营销中发挥创新和导向作用、横向支撑作用和纵向枢纽作用，众多中小企业和家庭工厂形成网络状，实现生产社会化；三是以核心大企业为主导、中小企业配套形成的产业集群。

王缉慈通过对新产业区的研究把产业集群分为五类：沿海外向型出口加工基地、质量密集地区、条件优越的开发、乡镇企业集群而形成的企业网络以及国有大中型企业为核心的企业网络。王缉慈教授这种按照产业集群生产的原因为依据的分类方法，也得到众多学者的认可和借鉴。

于树江、李艳双（2004）[①] 将我国产业集群分为五类：一是建立在农村或者乡镇工业基础上的特色产业集群；二是在科技实业家创业基础上形成的高科技产业集群，如北京中关村 IT 产业集群；三是在本地"三来一补"基础上发展起来的产业集群，如广东东莞劳动力密集型产业集群；四是由外资的配套企业发展起来的产业集群（技术密集型集群），如北京亦庄诺基亚兴网工业园；五是改造后的国有企业经繁衍和集聚形成的产业集群，如青岛海尔家电产业集群、重庆嘉陵摩托车产业集群等。王雷也按照这个依据对产业集群进行了分类。

国内学者结合国情，提出了很多其他的分类方法。李凯、李世杰（2005）[②] 按照政府介入程度将产业集群划分为政府主导型和市场主导型。黄程、符正平（2003）[③] 则在研究珠江三角洲地区的产业集群后，依照行业结构集中度和本地生产链的完整程度将产业集群分为飞地集群、锥子集群、原子团集群和未来集群。王缉慈（2005）[④] 在广义产业集群概念的基础上，又将产业集群分为两类，基于创新的产业集群和基于低成本的产业集群。金碚等（2003）[⑤] 按照产业性质将产业集群分为传统产业集群、高技术产业集群和资本技术相结合的产业集群三类。屠凤娜、杨智华（2006）[⑥] 根据产业集群内部产品价值链上不同企业之间的关系，将产业

---

[①] 于树江、李艳双：《产业集群区位选择形成机制分析》，《中国软科学》2004 年第 4 期。

[②] 李凯、李世杰：《我国产业集群分类的研究综述与进一步探讨》，《当代财经》2005 年第 12 期。

[③] 黄程、符正平：《珠江三角洲地区企业集群的分类及其特征》，《管理评论》2003 年第 6 期。

[④] 王缉慈：《解读产业集群，中国产业集群》第 1 辑，机械工业出版社 2005 年版，第 87 页。

[⑤] 金碚等：《竞争力经济学》，广东经济出版社 2003 年版，第 98 页。

[⑥] 屠凤娜、杨智华：《基于产业特点的产业集群模式比较研究》，硕士学位论文，河北理工大学，2006 年。

集群划分为中小企业群生型、"龙头+网络"型和 MIMO 型三种基本类型。甘志霞（2008）[1] 从产业集群的持续创新和动态性的角度将自发集聚的产业集群分为三种主要类型：非正式集群、有组织的集群和创新集群。蔡宁（2006）[2] 将产业集群分为中卫型和市场型产业集群。陈健、夏兰（2007）[3] 根据产业集群由于关联性而形成的网络结构的特点，按照产业集群网络中异质性资源丰裕程度和网络系统开放程度的大小将产业集群分为独点支撑型、包络型和触角型三大类。

## 第三节  产业集群创新研究进展

### 一  产业集群的创新优势

产业集群具有多种优势和特征，其中最重要的是创新。最早提出创新概念的是奥地利经济学家熊彼特（Schumpeter），认为现代经济发展根源于创新[4]。熊彼特认为所谓创新就是"建立一种新的生产函数"，也就是实现生产要素的一种从未有过的"新组合"，其创新概念有五个方面的含义：引进新产品；引进新的技术，即新的生产方法；开辟新市场；控制新的原材料来源；实现企业的新组织。亚当、戴维和卡尔（Adam，David and Karl）等人都肯定了知识积累、技术进步、组织创新对经济增长和产业发展的贡献[5]。国内外理论研究证明，产业集群内企业要比集群外企业具有更强的创新动力，更优的创新绩效。

（一）国外研究

国外产业集群创新优势研究主要有四大理论，即马歇尔的外部经济理论、韦伯与巴顿的集聚经济理论、波特的创新优势理论以及欧洲区域创新环境研究小组的创新环境理论等。他们从不同角度对产业集群的创新优势进行了深入探讨与研究。

---

①  甘志霞：《创新群落与产业集群的比较分析》，《生产力研究》2008 年第 1 期。

②  蔡宁：《产业集群复杂网络的结构与功能分析》，《经济地理》2006 年第 3 期。

③  陈健、夏兰：《基于网络视角的产业集群分类》，《商场现代化》2007 年第 2 期。

④  熊彼特：《经济发展理论》，商务印书馆 1991 年版，第 72 页。

⑤  吴德进：《产业集群论》，社会科学文献出版社 2006 年版，第 134 页。

1. 外部经济理论

马歇尔（2010）[①] 在《经济学原理》中探讨外部经济时发现，产业集群与企业的外部规模经济之间关系密切，并指出专业性工业产生集聚的原因在于可以获得外部经济提供的好处，包括提供协同创新的环境、共享专业化劳动力市场和辅助工业的服务，促进区域经济发展和方便区域内顾客等。外部经济理论的一个重大贡献是"发现了一种产生聚集的空气——协同创新的环境"。

2. 集聚经济理论

韦伯（1909）[②] 从工业区位论的角度对企业集群进行了深入研究，首次提出集聚经济的概念，探讨了产业集聚的因素，量化了集聚形成的规则。另一位区位经济学家巴顿（2000）[③] 在企业集群理论研究中的独到之处在于讨论了企业集群与创新的关系。企业地理上的集中必然会带来竞争，而竞争促进创新；地理上的集中本身就有助于商品制造者、供给者与顾客之间产生一种更为自由的信息传播，相当数量的创新正是由于顾客需要和解决供给问题而产生的结果；集中地域优越的通信工具加快了域内企业采纳创新成果的速度。这样，巴顿把产业集群的创新优势研究又向前推进了一步。

3. 创新优势理论

波特提出：产业集群能够提高企业的持续创新能力，并日益成为创新的中心；企业之间的持续联系有助于企业通过相互学习来改进技术、机器及部件的适用性，较好服务，确立市场观念，激发创新思维。企业集群的柔韧性和迅速反应能力有助于企业抓住市场机会，采取创新行动，使本地供应商及合作者融入创新中[④]。

4. 创新环境与创新网络理论

欧洲区域创新环境研究小组提出了创新环境概念。他们把产业的空间集聚现象同创新活动联系到一起，强调区域内创新主体的集体效率和创新行为的协同作用，认为企业集聚可使群内企业共享单个企业无法实现的大规模生产、辅助产业的专业化服务、专业化机构创造以及企业组织创新的

---

① 马歇尔：《经济学原理》，章洞易缩译，南海出版社 2010 年版，第 67 页。

② 韦伯：《工业区位论》中译本，商务印书馆 1997 年版，第 56 页。

③ Button, E., "A methodology for identifying the driver's industrial clusters: the foundation of regional competitive advantage", *Economic Development Quarterly*, No. 14, 2000, pp. 65 – 76.

④ 刘友金：《关于集群创新优势的研究及其启示》，《经济学动态》2003 年第 2 期。

好处。之所以创新企业集聚在特定区域而又保持了各自运行的独立性，是因为区域内良好的创新环境物质的存在。而创新网络理论则更加注重产业集群内企业之间、企业与相关机构之间的相互联系、相互作用，正是这些中小企业相互之间的正式或非正式的交流、沟通与接触，才形成了有效的创新网络，从而使企业内部产生了一种内生的创新力，推动着产业集群创新的不断发展[①]。

（二）国内研究

王缉慈（2001）[②] 是我国较早研究产业集群创新问题的学者，指出，培养具有地方特色的企业集群，营造区域竞争环境，强化区域竞争优势是增强国力的关键。吴晓波指出产业集群网络创新受集群环境的影响，包括创新文化、创新能力、创新组织、创新模式、外部供应商和客户、企业竞争者、外部知识等环境因素影响。

盖文启、朱华晟（2001）[③] 运用规模经济和范围经济、交易成本、竞争优势、创新等理论建立了产业集群创新网络理论体系。魏江（2003）[④] 基于知识流动，提出产业集群创新系统，把对企业集群的研究拓展到创新网络角度，构建了产业集群的核心价值网络、可控支持网络和不可控支持网络。

魏江和叶波（2001）[⑤] 等强调了产业集群文化的嵌入式效应对企业间技术学习的支持作用。王缉慈和童昕（2001）[⑥] 认为，产业集聚可以促进专业知识的传播扩散，尤其是隐性经验类知识的交流，能激发新思想、新方法的应用，促进学科交叉和产业融合，不断出现新产业和新产品。

魏江（2003）[⑦] 指出，产业集群的创新及绩效来自集群成员之间的知识外溢作用。蔡铂和聂鸣（2003）[⑧] 认为，产业集群的网络效应促进了信息和知识的流动，有利于隐含知识和敏感信息的传播，带来了产业集群创

① 唐敏、张廷海：《产业集群创新优势与我国中小企业集群的效率改进》，《经济管理》2004 年第 13 期。

② 王缉慈：《创新的空间：企业集群与区域发展》，北京大学出版社 2001 年版，第 77 页。

③ 盖文启、朱华晟：《产业的柔性集聚及其区域竞争力》，《经济理论与经济管理》2001 年第 10 期。

④ 魏江：《产业集群：创新系统与技术学习》，科学出版社 2003 年版，第 135 页。

⑤ 魏江、叶波：《文化视野内的小企业集群技术学习研究》，《科学研究》2001 年第 12 期。

⑥ 王缉慈、童昕：《简论我国地方企业集群的研究意义》，《经济地理》2001 年第 5 期。

⑦ 魏江：《小企业集群创新网络的知识溢出效应》，《科研管理》2003 年第 7 期。

⑧ 蔡铂、聂鸣：《社会网络对产业集群技术创新的影响》，《科学学与科学技术管理》2003 年第 7 期。

新的优势。网络化是产业集群创新的最大特色，也是创新模式发展的必然结果[1]。吴晓波（2003）[2] 指出，产业集群网络创新受集群环境的影响，包括受产业集群的创新文化、企业的创新能力、产业集群的创新组织、产业集群的创新模式、产业集群外部供应商和客户、产业集群企业竞争者、产业集群外部知识等环境因素影响。产业集群创新网络促使内部企业充分利用自身以外的资源，通过产业集群内部的协作机制和竞争机制加强了内能的提升[3]。产业集群网络中的企业借助资源的流动，形成彼此之间正式或非正式的关系[4]。朱英明（2003）[5] 也认为，产业集群的发展壮大，关键在于产业集群拥有的创新优势。徐占忱、何明升（2005）[6] 从产业集群内企业的结构和互动网络研究产业集群创新优势问题。叶庆祥和徐海洁（2006）[7] 从知识溢出的角度研究了产业集群的创新优势。赖磊和王济干（2006）[8] 则基于模块化理论研究了产业集群的创新能力。

李婷和陈向东（2006）[9] 指出："随着产业集群的不断发展，产业集群能够综合运用多样化的学习模式获得知识，解决问题，并将其转化为竞争力。由于产业集群发展过程中组织形式的不断完善，促使产业集群客观上能够采用更多样化的学习模式，促进了创新能力的不断提高"。

蔡宁等（2006）[10] 也认为，产业集群的竞争优势源于其持续的创新能力，通过组织间的互动学习机制，传递产业集群内创新知识。赵全超等

---

① 吴翔阳:《产业自组织集群化及集群经济研究》，中共中央党校出版社2006年版，第92页。

② 吴晓波:《企业集群技术创新环境与主要模式研究》，《研究与发展管理》2003年第4期。

③ Cristina, C. and Jan, V. , "Cluster facing competition importance of external linkage", *European Planning Studies*, Vol. 15, No. 2, 2007, pp. 289 –291.

④ Dohse, D. and Soltwdel, R. , "Recent development in the research on innovation cluster", *European Planning Studies*, Vol. 14, No. 9, 2006, pp. 1167 –1172.

⑤ 朱英明:《产业集聚论》，经济科学出版社2003年版，第87页。

⑥ 徐占忱、何明升:《论产业集群竞争力的性质》，《工业技术经济》2005年第1期。

⑦ 叶庆祥、徐海洁:《基于知识溢出的集群企业创新机理研究》，《浙江社会科学》2006年第1期。

⑧ 赖磊、王济干:《基于模块化理论的产业集群创新能力研究》，《科技管理研究》2006年第2期。

⑨ 李婷、陈向东:《产业集群的学习模式及其创新特征研究》，《科技管理研究》2006年第2期。

⑩ 蔡宁、吴结兵:《产业集群组织间关系密集性的社会网络分析》，《浙江大学学报》（人文社会科学版）2006年第4期。

（2007）① 研究认为，创新型产业集群的关注点在于创新型企业的创新能力，关注其如何产生持续的竞争优势。叶建亮（2001）② 从知识溢出的角度分析集聚现象，认为知识溢出是导致产业集群的重要原因，它不仅决定了产业集群的规模，也影响产业集群组织内企业的生产函数。

## 二　产业集群对创新的影响

产业集群对创新的影响包括以下几个方面：

### （一）产业集群促进集群内企业的创新

国内外产业集群创新理论和实践表明，创新过程涉及的不同行为主体间相互作用对于创新的成功是重要的，公司不可能孤立地创新。产业集群的核心是一些技术和知识密集型的企业，同时科学知识和技术推动了新生企业的发展③。集群式创新是企业，特别是中小企业进行技术创新的一种有效组织模式④。因此，产业集群内企业要比集群外企业具有更强的创新动力，更优的创新绩效。

### （二）产业集群为企业提供良好的创新氛围

持这一观点的主要有熊彼特及其继承者弗里曼，以及 Baptista、Swann 等人。熊彼特认为，产业集聚有助于创新，而创新也有赖于产业集聚，并将产业集聚与创新结合起来研究。企业彼此接近，会受到竞争的隐形压力，迫使企业不断进行技术创新和组织管理创新⑤。Baptist & Swann（1998）⑥ 也指出，技术的可编码化程度越低，相关创新主体的地理集聚就越迫切。他们通过实证调查，发现处于产业集群内部的企业比外部孤立的企业更能创新。

### （三）产业集群降低企业创新成本

陈柳钦（2007）⑦ 认为，产业集群内各个企业在地理位置上的优势及

---

① 赵全超等：《基于创新型产业集群的创新型城市政府治理机制研究》，《北京理工大学学报》（社会科学版）2007 年第 4 期。

② 叶建亮：《知识溢出与企业集群》，《经济科学》2001 年第 3 期。

③ 刘春芝：《集群式创新：以辽宁装备制造业发展为例》，中国社会科学出版社 2005 年版，第 113 页。

④ 刘友金：《集群式创新的企业人群行为及其约束条件研究》，《生产力研究》2003 年第 2 期。

⑤ Matsushima, H., Miyazaki, K. and Nobuyuki, Y., "Role of linking mechanisms in multitask agency with hidden information", *Journal of Economic Theory*, Vol. 145, No. 2, 2010, pp. 260 - 269.

⑥ Baptista, R. and Swann, G., "Do firms in clusters innovate more", *Research Policy*, Vol. 27, No. 4, 1998, pp. 209 - 228.

⑦ 陈柳钦：《产业集群技术创新的相关理论》，《石家庄经济学院学报》2007 年第 5 期。

其生产产品的高度相关性，使产业集群企业交易成本降至极低，从而使产业集群没有阻碍、可以无限发展，并类似于一个大企业。产业集群内企业的深度专业化分工，使得企业规模可以很小，这样实施创新活动所需要的固定资产投资很少。产业集群的出现与成长本质上是一种产（企）业间交易或联系形式的创新，是节约交易费用的需要，或者说是一种能够有效降低交易费用的新制度形式。

周兵和蒲勇键（2003）[①] 研究发现产业集群能吸引大量的资本和劳动力流入产业集群地区，从而促进区域的经济增长。

（四）产业集群提供强劲的创新动力

波特认为，竞争是产业集群形成之后促进其发展的主要驱动力。竞争不断促使企业进行创新，改进生产技能或创造新技术；反过来，创新与改进活动又导致了新企业以及新型企业活动的出现，刺激 R&D 活动，加快新技能、新服务的引进。

魏江（2003）[②] 指出，产业集群的创新活力来自于集群成员之间的知识外溢作用。

（五）产业集群区域环境能提高创新效率

Capello（1999）[③] 通过对特定产业集群的实证分析，提出产业集群学习与小企业突破性产品创新之间存在显著的相关关系，即产业集群有助于提升小企业的创新绩效。吴晓波（2003）[④] 指出，产业集群网络创新受产业集群环境的影响，包括受产业集群的创新文化、企业的创新动力、集群的创新组织、集群的创新模式、集群外部供应商和客户、集群企业竞争者、集群外部知识等环境因素的影响。企业之间以核心能力为基础，充分发挥资源互补的优势。网络根植于集群内的人文环境，网络的创新功能很强[⑤]。

（六）产业集群促进知识和技术的转移扩散

王缉慈和童昕（2001）[⑥] 认为，从创新学角度看，产业集聚可以促进

① 周兵、蒲勇键：《产业集群的增长经济学解释》，《中国软科学》2003 年第 5 期。

② 魏江：《小企业集群创新网络的知识溢出效应》，《科研管理》2003 年第 7 期。

③ Capello，R.，"Spatial transfer of knowledge in high technology milieus：learning versus collective learning processes"，*Regional Studies*，Vol. 33，No. 5，1999，pp. 353 - 365.

④ 吴晓波：《企业集群技术创新环境与主要模式研究》，《研究与发展管理》2003 年第 4 期。

⑤ 刘友金、刘莉君：《基于混沌理论的集群式创新网络化过程研究》，《科学学研究》2008 年第 2 期。

⑥ 王缉慈、童昕：《简论我国地方企业集群的研究意义》，《经济地理》2001 年第 5 期。

专业知识的传播扩散，尤其是隐形经验类知识的交流，能激发新思想、新方法的运用，促进学科交叉和产业融合，不断出现新产业和新产品。产业集群的网络结构有利于外界信息的流入，有利于创新的产生①。

魏江和叶波（2007）② 指出，产业集群的创新及绩效来自于集群成员间的知识外溢作用。蔡铂和聂鸣（2003）③ 认为，产业集群的网络效应增进了信任和联系，促进了信息和知识的流动，有利于隐含知识和敏感信息的传播，带来了集群创新的优势。王旺兴和李施（2003）④ 则认为，知识流动是产业集群创新及绩效的关键。产业集群网络的行为主体只有借助资源的流动，才能形成彼此之间正式或非正式的关系⑤。创新扩散是创新大过程中的一个后续子过程⑥。产业集群内的技术创新过程是扩散主体与扩散各影响因素之间、扩散过程与集群扩散环境之间相互联系、相互作用、互动演化的动态图景⑦。

**三　创新对产业集群竞争力的影响**

创新是产业集群竞争力的一个重要来源，从现有文献看，以下观点已得到实证研究的验证。在产业集群中，企业之间的互动和知识的流通对提升企业的竞争力有显著影响⑧。

产业集群的核心在于其持续的技术创新扩散能力和有效的知识流动能力⑨。Capello（1999）⑩ 认为，产业集群有利于促进集群内部企业创新能力的提高和创新成果的扩散。

---

① 王发明、蔡宁：《基于网络结构视角的产业集群风险研究》，《科学学研究》2006 年第 6 期。

② 魏江、叶波：《企业集群中的技术学习分工和知识流动》，《科学学与科学技术管理》2007 年第 9 期。

③ 蔡铂、聂鸣：《社会网络对产业集群技术创新的影响》，《科学学与科学技术管理》2003 年第 7 期。

④ 王旺兴、李艳：《产业集群内的知识流动与创新机制》，《科技与管理》2003 年第 3 期。

⑤ Dohse, D. and Soltwdel, R., "Recent development in the research on innovation cluster", *European Planning Studies*, Vol. 14, No. 9, 2006, pp. 1167 –1172.

⑥ 张海、陈国宏、李美娟：《技术创新扩散的博弈》，《工业技术经济》2005 年第 8 期。

⑦ 罗家德：《网络理论、产业网络与技术扩散》，《管理评论》2004 年第 1 期。

⑧ 谢洪明：《产业集群、企业行为与企业竞争力的实证研究》，《科学学与科学技术管理》2005 年第 5 期。

⑨ Francis, B., Genicot, G. and Ray, D., "Informal insurance in social networks", *Journal of Economic Theory*, Vol. 143, No. 1, 2008, pp. 36 –58.

⑩ Capello, R., "Spatial transfer of knowledge in high technology milieus: learning versus collective learning processes", *Regional Studies*, Vol. 33, No. 5, 1999, pp. 353 –365.

Sternberg 和 Arndt（2001）[1] 强调企业网络的重要性，不仅使产业集群在技术、市场多变的情况下得以生存，更为重要的是通过企业之间的集体学习促进了产业集群内企业的技术创新。

李正卫等（2005）[2] 研究表明，无论正式还是非正式的网络学习强度均对集群内部企业创新绩效具有显著的积极作用。Amin（1999）[3] 也提出制度网络的重要性，认为产业集群的出现并不是政府有意识的产业政策的结果，但地方机构的作用随着产业集群的发展而变得日益重要。非企业的机构和组织在提高区域创新能力方面的作用，比企业间相互作用的强度和结网更为重要[4]。

Schmitz 和 Musyck（1994）[5] 的观点认为，由于产业集群内企业规模、能力和资源等因素的限制，产业集群内各种非企业机构和组织构成的制度网络对推进产业集群创新至关重要，因为地方机构具有社会根植性，它们往往能从本地实际出发并更具有发展地方经济的责任感。

Maskell 等（2001）[6] 指出非正式制度的重要性，社会网络、信任、社会规范等正式、非正式制度构成了影响集群创新的环境，它们奠定了相互交流、集体学习和共同解决问题的基础。这与 Storper（1995）[7] 关于技术创新过程中的"非贸易性相互依赖"的观点一致。在特定的制度环境下，新生企业得以衍生、交易费用得以降低、缄默知识得以传递、集体行动得以达成。

产业集群的创新能加速技术进步，不断为经济增长提供原动力[8]。同

---

① Sternberg, R. and Arndt, O. , "The firm or the region: what determines the innovation behavior of European firms?", *Economic Geography*, Vol. 77, No. 4, 2001, pp. 364 – 382.

② 李正卫、池仁勇、刘慧：《集群网络学习与企业创新绩效：基于嵊州领带生产企业集群的实证分析》，《经济地理》2005 年第 5 期。

③ Amin, A. , "An institutionalist perspective on regional economic development", *international Journal of Urban and Regional Studies*, No. 2, 1999, pp. 365 – 378.

④ Pankaj, G. , Carlos, L. and Francisco, R. , "Competitiveness and interregional as well as international trade: the case of Catalonia", *International Journal of Industrial Organization*, Vol. 28, No. 4, 2010, pp. 415 – 422.

⑤ Schmitz, H. and Musyck, B. , "Industrial districts in Europe: policy lessons for developing countries", *World Development*, No. 8, 1994, pp. 75 – 86.

⑥ Maskell, P. , "Towards a knowledge – based theory of the geographical cluster", *Industrial and Corporate Change*, Vol. 10, No. 4, 2001, pp. 921 – 943.

⑦ Storper, M. , "The region as a nexus of untraded interdependencies", *European Urban and Regional Studies*, Vol. 2, No. 3, 1995, pp. 191 – 195.

⑧ Audretsch, D. and Feldman, M. , "R&D spillovers and the geography of innovation and production", *American Economic Review*, Vol. 86, No. 3, 1996, pp. 630 – 640.

时，技术的迅速扩散，使得每一个企业都能及时更新设备、采用新工艺，调整要素投入组合，增加地区经济总量和市场竞争力，促进地区经济增长[1]。

# 第四节　综合性述评

国内外产业集群创新理论和实践已经表明，创新过程涉及的不同行为主体间相互作用对于成功的创新是重要的，公司不可能孤立地创新；因此，产业集群内企业要比集群外企业具有更强的创新动力，更优的创新绩效[2]。波特指出，竞争是产业集群形成之后促进其发展的主要驱动力。竞争不断促使企业进行创新，改进生产技能或创造新技术；反过来，创新与改进活动又导致新企业以及新型企业活动的出现，刺激 R&D 活动，加快新技能、新服务的引进。

虽然研究的出发点不同，但是，学术界对于产业集群的独特优势已经形成共识，产业集群具有竞争优势与创新优势几乎得到了所有研究人员的普遍认同[3]。产业集群的创新优势也得到了大量实证研究的证实。杰克和帕克（Jack and Park，2010）[4] 研究认为，硅谷技术人员的高流动性是硅谷技术扩散的主要渠道之一，这极大地促进了地区创新能力。经济合作与发展组织的研究结论也证明集群化对于区域整体创新绩效有明显的促进作用。此外，经济状况较好的区域也能够吸引技术人才，这也是技术创新扩散的一个重要渠道[5]。产业集群成员企业也可能通过"搭便车"获得新技术产生的收益[6]。

---

① Beaudry, C. and Swann, P., "Growth in industrial clusters: a bird's eye view of the United Kingdom", *Siepr Discussion Paper*, No. 4, 2001, pp. 30 – 38.

② Chih – Hai, Y., "Is innovation the story of Taiwan's economic growth?", *Journal of Asian Economics*, Vol. 17, No. 5, 2006, pp. 867 – 878.

③ Cabrales, A. and Calvó – Armengol, A., "Interdependent preferences and segregating equilibria", *Journal of Economic Theory*, Vol. 139, No. 1, 2008, pp. 99 – 113.

④ Jack, O. and Park, I., "Overcoming the coordination problem: dynamic information of networks", *Journal of Economic Theory*, Vol. 145, No. 3, 2010, pp. 689 – 720.

⑤ Grabher, G. and Oliver, L., "Bad company? The ambiguity of personal knowledge networks", *Journal of Economic Geography*, Vol. 6, No. 3, 2006, pp. 251 – 271.

⑥ 范丹宇、金峰：《创新系统中的知识流动与转化分析》，《科技管理研究》2006 年第 10 期。

然而，我们探讨竞争优势的时候不能脱离具有竞争优势的主体泛泛而谈。在波特的竞争优势理论视野内，竞争优势的主体是企业组织、地区和国家经济系统。那么，研究产业集群的竞争优势与创新优势，依托的主体应该是什么？显然，经济研究人员已经有意无意地把产业集群作为一种类似于企业的经济组织形态，并在这样潜在的思维假定下探讨产业集群的竞争优势与创新优势。可是，囿于新古典经济学的惯性思维，一直没有人能够点破这一点，明确地提出产业集群是一种经济组织，并以此来深入探讨该类经济组织的竞争优势与创新优势[1]。

## 第五节 本章小结

首先，本章对国内外产业集群研究进行了述评，对产业集群研究起源、相关概念的发展、产业集群的经济特征等进行了综述。

其次，对国内外产业集群的分类研究进行了综述。对产业集群的创新优势、产业集群对创新的影响和创新对产业集群竞争力的影响研究进行了述评。

最后，在上述研究基础上，结合文献述评与现实产业集群存在的情况，进行了综合性述评。

---

① Kalemli – Ozcan, S., "Elhanan Helpman, the mystery of economic growth", *Journal of International Economics*, Vol. 68, No. 2, 2006, pp. 518 – 527.

# 第三章 策略性行为与不同类型
产业集群企业创新决策

## 第一节 相关概念界定

### 一 策略性行为

（一）策略性行为述评

迄今为止，产业组织理论研究的发展大致经历了两个阶段[①]：

第一阶段是基本完成于 20 世纪 60 年代并在后来仍然具有很大影响力的传统产业组织理论（TIO），它主要包括以市场结构研究为核心内容（S—C—P 范式）的哈佛学派和以市场行为研究为核心内容的芝加哥学派。

第二阶段是在 20 世纪 70 年代以后由于新的研究方法引入而出现的新产业组织理论（NIO），它的研究焦点是策略性行为。

新产业组织理论的兴起和发展对传统产业组织理论的分析方法和分析范式提出了重要挑战。一方面，新产业组织理论超越了传统哈佛学派的 S—C—P 分析范式，否认市场结构外生性的观点，并且认为企业不是被动地对给定的外部条件作出反应，而是试图以策略性行为去改变市场环境，影响竞争对手的预期，从而排挤竞争对手或遏制新厂商进入市场。另一方面，新产业组织理论也对芝加哥学派静态的价格—产出框架提出了质疑。芝加哥学派对市场行为的研究也主要集中在企业的价格行为上。对于企业的策略性行为，由于不存在信息不对称，企业在没有与竞争对手协定的条件下不可能通过单方面的行为获得市场竞争能力，因而芝加哥学派否认了

---

① 干春晖：《企业策略性行为研究》，经济管理出版社 2005 年版，第 37 页。

单个企业实施阻止竞争对手策略的可能。

但是，以博弈论和信息经济学为方法论的新产业组织理论则明确了策略性行为在产业组织理论中的核心地位。正如 Tirole（1997）① 所言，博弈论和信息经济学提供的理论基础使得越来越多的经济学家摒弃了芝加哥学派建立在完全信息上的简单世界观。

（二）策略性行为定义

对策略性行为的定义，最早来自 Schelling（2006）② 在其经典著作《冲突的战略》中的描述。他认为策略性行为是指一个企业旨在通过影响竞争对手对该企业行动的预期，使竞争对手在预期的基础上做出对该企业有利的决策行为，这种影响竞争对手预期的行为就称为策略性行为。一个企业的策略性行为对竞争对手预期的影响，实质上是通过影响它们共同的市场环境实现的。这些市场环境包括市场中现有的和潜在的竞争对手数量，行业的生产技术和竞争对手进入该行业的成本和速度，市场的需求偏好等。也就是说，市场环境不再是外生给定的，企业可以通过策略性行为改变市场环境，而市场环境是竞争对手决策时必须考虑的重要因素，主导企业通过操纵市场环境影响竞争对手的预期，为自己在市场竞争中立于不败之地、获取创新决策带来的超额利润创造条件。

（三）"策略性行为"在现代经济词典的解释

策略性行为是指一家企业为增加其利润而采取的一系列旨在影响市场环境的行动总称。市场环境是指影响市场结果（价格、数量、利润、福利）的所有因素，它包括消费者和竞争对手的信念、现有的以及潜在的竞争对手的数量、每家企业的生产技术以及潜在对手进入自己行业的成本和速度等③。通过操纵市场环境，一家企业可以增加其利润。

策略性行为可以分合作策略性行为和非合作策略性行为。根据行为调整和作用的时间长短，可以将策略性行为分为短期策略性行为、中期策略性行为和长期策略性行为。此外，根据影响未来收入预期的方式，可以把策略性行为分为影响未来市场需求和成本函数的策略性行为和影响竞争者对未来事件估计信念的策略性行为。前者主要包括过度生产能力投资、提

---

① Tirole, J.：《产业组织理论》，中国人民大学出版社1997年版，第102页。

② 谢林：《冲突的战略》，赵华等译，华夏出版社2006年版，第36页。

③ Vaubourg, A., "Differentiation and discrimination in a duopoly with two bundles", *International Journal of Industrial Organization*, Vol. 24, No. 4, 2006, pp. 753 – 762.

高竞争对手成本、空间先占和产品扩散策略、长期契约和一体化策略、研究开发和创新策略等；后者主要包括限制性定价、声誉理论等。

（四）策略性行为研究方法

策略性行为的研究方法主要是博弈论和信息经济学的运用。尽管自纽曼和摩根斯顿（Neumann and Morgenstern）在 1944 年出版的《博弈论与经济行为》这一开创性著作之后，博弈论就已经诞生了。但是，直到 70 年代中期以前，博弈论仍然停留在自己的领域内而很少与正统经济理论相联系。之后，博弈理论工具才开始被逐步应用于寡占理论分析，特别是动态分析以及不完全信息的引入所带来的博弈论方法本身的不断完善，使得正统经济理论对寡占市场的分析更富生机和活力①。正如人们将策略性行为分析称为理论性的产业组织理论，其显著特征之一是运用博弈理论，将古诺、伯川德等（Cournot，Bertrand et al.）人的寡占理论进行相当严密的理论化。在现实中，古诺模型、伯川德模型、斯坦克尔博格模型等寡占模型是最常用的理论分析模型。在策略性行为分析中，运用博弈论所进行的一系列研究主要是用纳什均衡来阐明企业的行为，分析在既定的初始均衡条件或状态下，如何运用策略性行为实现新的均衡。

在寡占或垄断市场下，这种新的研究方法对于企业间的竞争、在位企业与潜在进入企业间的策略性行为、企业的进入—退出行为、价格竞争与价格共谋、广告、产品差异化等方面的动态分析取得了显著成效，使人们对复杂交易现象的动机和福利效果的理解达到了新的高度，在理论上更具有说服力和严谨性②。

（五）策略性行为研究应用

策略性行为研究的应用主要是为现实的市场现象提供理论解释。在现实生活中，企业之间的策略性行为相互作用构成了许多市场现象的基础，如合谋、掠夺性定价、垂直限制、排他性交易、价格歧视、研究与开发等，这些市场现象往往是在不完全信息和动态竞争环境中进行的，因而要想明确地判断其对消费者或社会福利的影响相当困难。而采用策略性行为研究的模型和方法，能够在很大程度上为这些现象提供更加具体和深入的

---

① Vaubourg, A., "Differentiation and discrimination in a duopoly with two bundles", *International Journal of Industrial Organization*, Vol. 24, No. 4, 2006, pp. 753 – 762.

② Ohanian, L., Edward, C. and Nancy, L., "Stokey. Introduction to dynamic general equilibrium", *Journal of Economic Theory*, Vol. 144, No. 6, 2009, pp. 2235 – 2246.

理论解释，并且贴近市场现实，从而为反托拉斯政策导向提供更加合理的理论依据。例如，传统的芝加哥学派认为，垂直限制是对市场不完善如外部性、搭便车、不确定性等所作出的反应，不论是排他性交易，还是捆绑销售都具有增进效率的作用。在这种观点影响下，垂直限制很少受到干预。

但是，策略性行为理论却对芝加哥学派的观点提出了质疑，认为后者拒绝考虑垂直限制和策略性目标存在联系的可能性，得出的观点过于片面。虽然垂直限制可以提高企业自身的效率，但是其总的福利效果则不能一概而论。尤其是在生产同质产品的市场中，拥有实际或潜在市场能力的企业可以借助垂直限制来提高进入壁垒的能力或者巩固市场能力，因此必须针对不同激励构造多种模型，才能将有利于消费者的垂直限制和以牺牲其他经济主体利益为代价来增进自身效率的垂直限制区分开来。

### 二　产业集群企业创新

#### （一）产业集群企业创新的界定

产业集群企业创新是指通过各种方法手段，应用知识和人的智力，借助产业集群自身具有的优势，使企业满足或创造市场需求，增强企业的竞争能力。产业集群企业创新包括市场创新、技术创新和整合创新。

#### （二）产业集群企业创新模式

产业集群企业为了获得自身利益最大化，保持其在产业集群和市场中的竞争优势，就要不断进行创新决策。洪后其和傅家骥等（1991）[1] 在技术创新理论研究中将创新模式分为三种：自主创新、模仿创新和合作创新。这三种模式的划分是由弗里曼（1991）[2] 等人提出的，也为大多数人所接受。在实际创新活动中，很难将其截然分开，它们之间浑然一体，有着内在的互动关系，存在竞争与合作的博弈。尤其在寡头垄断集群中，企业的策略性行为选择要求更为慎重，因此需要一个科学而理性的决策方法，指导产业集群企业选择与其自身能力相匹配、可实现并承担风险最低、获益最大的创新决策模式。本文所讨论的产业集群企业基于策略性行为的创新决策机制就是基于这三种模式展开的。

---

① Filipe，V. and Martins – da – Rocha，"Interim efficiency with MEU – preferences"，*Journal of Economic Theory*，Vol. 145，No. 5，2010，pp. 1987 – 2017.

② Freeman，C.，"Network of innovators：A synthesis of research issues"，*Research Policy*，Vol. 20，No. 3，1991，pp. 499 – 514.

## 第二节 研究的理论基础

### 一 新产业组织理论

（一） 新产业组织理论描述

所谓新产业组织理论，是指 20 世纪 70 年代以后发展起来、以分析企业策略性行为为主要内容的产业组织理论[1]。在研究基础上，新产业组织理论更加注重市场环境与厂商行为的互动关系[2]。主要包括可竞争市场理论、博弈论、合约理论、交易费用和产权理论。

可竞争市场理论通过对企业规模经济和范围经济的重新定义，证明了在存在进入竞争，或者潜在进入的条件下，即使是自然垄断条件下的现有厂商也只能制定可维持价格，保持或接近于完全竞争的价格水平，因为潜在进入者会通过打了就跑的策略消除高价带来的超额利润[3]。博弈论对新产业组织理论重要的贡献在于它为解释和分析不完全竞争的市场提供了很好的行为分析工具。新制度经济学通过"交易费用"概念广泛地讨论了企业的规模边界问题。在威廉姆森的交易成本经济学中，由于市场信息不完全和有限理性，交易双方需要通过一体化来最小化交易成本，防止机会主义导致的欺诈问题。产权理论则深入讨论了企业内部的权威机制和治理结构的所有权配置问题，同时对市场和企业之间的关系进行了分析[4]。合约理论对新产业组织理论的贡献主要体现在厂商的决策过程及目标讨论上，通过委托—代理关系进行解释，认为由于作为所有者的股东（委托人）和作为代理人且拥有实际决策权的经理人员之间的目标差异，在委托人不能有效监督或者缺乏足够激励的条件下，代理人在企业决策中就会出现很

---

① 刘志迎：《产业经济学》，科学出版社 2007 年版，第 137 页。

② Filipe, V. and Martins – da – Rocha, "Interim efficiency with MEU – preferences", *Journal of Economic Theory*, Vol. 145, No. 5, 2010, pp. 1987 – 2017.

③ Jang – Ting, G., Sharon, G. and Harrison, "Indeterminacy with no – income – effect preferences and sector – specific externalities", *Journal of Economic Theory*, Vol. 145, No. 1, 2010, pp. 287 – 300.

④ Nisvan, E. and Piccinin, D., "Cooperative R&D under uncertainty with free entry", *International Journal of Industrial Organization*, Vol. 28, No. 1, 2010, pp. 74 – 85.

大的偏离企业最大化目标①。

（二）新产业组织理论与产业集群企业的策略性行为

新产业组织理论除了在理论范式上对传统产业组织理论有所突破外，还在此基础上对具体的产业组织问题进行了新的探索，产生了一系列新的理论研究成果，典型的是策略性行为理论。寡头竞争企业的策略性行为，是新产业组织理论研究的核心内容。在垄断或寡占的市场中，市场环境不再是外生的，主导厂商可以通过策略性行为改变市场环境，从而影响竞争对手的预期，改变竞争对手对未来事件的信念，达到迫使竞争者做出对主导厂商有利的决策行为。策略性行为理论主要包括两方面的内容：一是影响未来市场需求函数和成本函数的策略性行为；二是影响竞争者对事件估计信念的策略性行为。本书正是在新产业组织理论研究成果基础上，从策略性行为的角度，对集群企业的创新决策展开分析。

**二 产业集群理论**

产业集群的基本理论包括：韦伯的区位理论、佩罗克斯（Perroux）的增长极理论、地域生产综合体、艾萨德（Isard）的产业综合体、主流经济学的贸易和分工理论、新产业区理论以及创新环境与创新系统理论、波特的竞争优势理论等②。布伦纳（Brenner，2003）③研究认为，产业集群的成功缘于七种动力机制：人力资本积累、非正式交流、公司依赖、公司合作、地方资本市场、公共舆论和地方政策。尽管不同的学者从不同角度阐述了产业集群的形成机理，但是从宏观上看，可以认为以"市场主导"为主的"内生型"和以"政府主导"为主的"外生型"共同作用是形成产业集群的重要方式④。当然也有学者将其描述成"内源动力机制"与"激发动力机制"⑤，因此"内生"和"外生"的产业集群动力机制分类方法已普遍被学者接受。

众多的研究表明，产业集群与创新是相辅相成、互相促进的。一方

---

① Kajii, A. and Takashi, U., "Interim efficient allocations under uncertainty", *Journal of Economic Theory*, Vol. 144, No. 1, 2009, pp. 337–353.

② Porter, M., "*Competitive advantages of nations*", New York: Harvard University Press, 1990.

③ Brenner, T., *Industrial clusters and milieus: a typology from an evolution perspective*, Cepr Discussion Paper, 2000.

④ 刘义圣、林其屏：《产业集群的生成与运行机制研究》，《东南学术》2004 年第 6 期。

⑤ 刘恒江、陈继祥：《基于动力机制的我国产业集群发展研究》，《经济地理》2005 年第 5 期。

面，产业集群是创新的有效载体，通过产业集群内企业之间的竞合关系、相互信任以及内部形成的知识网络，为创新提供浓厚的氛围，具备了创新所要求的属性。另一方面，产业集群的生命力在于持续创新，如果在产业集群内出现创新停滞或断层，产业集群就会衰亡。产业集群是培育企业学习能力与创新能力的温床。企业彼此接近，激烈竞争的压力，不甘人后的自尊需要，当地高级顾客的需求，迫使企业不断进行创新。一家企业的创新很容易外溢到集群内的其他企业，这种创新的外部效应是产业集群获得竞争优势的一个重要原因。本研究也正是在产业集群现有理论研究的基础上，引入策略性行为，对产业集群企业的创新决策展开研究。

### 三 创新理论

#### （一）创新理论描述

熊彼特把创新定义为建立一种新的生产函数，即企业家实行对生产要素的新结合。它包括：引入一种新产品；采用一种新的生产方法；开辟新市场；获得原料或半成品的新供给来源和建立新的企业组织形式①。熊彼特独具特色的创新理论奠定了其在经济思想发展史研究领域的独特地位，也成为他经济思想发展史研究的主要成就。

创新在研究领域产生，随后经过一个时间后在应用领域得到接受和采纳，这成了第二次世界大战后人类更熟悉的创新扩散模式。在创新扩散研究中，最有代表性的是罗杰斯（Rogers）的研究工作，他所提出的创新扩散理论从 20 世纪 60 年代起一直在领域内居于主导地位。罗杰斯认为，创新扩散受创新本身特性、传播渠道、时间和社会系统的影响，并深入分析了影响创新采纳率和扩散网络形成的诸多因素。进入 21 世纪，信息技术推动下知识社会的形成及其对创新的影响进一步被认识，科学界进一步反思对技术创新的认识，创新被认为是各创新主体和创新要素交互复杂作用下的一种复杂涌现现象，是创新生态下技术进步与应用的创新双螺旋结构共同演进的产物。

#### （二）创新理论与产业集群企业创新决策

对创新决策行为的分析包括新产品的引入、技术模仿、技术转移及技术扩散。现有文献对创新决策分析的基本思想是，创新一方面导致效率提高，即边际生产成本的降低；另一方面也会带来成本的增加，同时，企业

---

① 熊彼特：《经济发展理论》，商务印书馆 1991 年版，第 72 页。

也会面临产业集群中其他企业的创新威胁，给定这些创新条件，留给企业的问题是如何实施创新决策。本书强调产品创新，即引入一个全新产品，或对原有产品再创新，提高技术含量。在分析中着重于策略性行为下的企业产品创新决策。

对产业集群企业创新行为进行分析的基本思想是要分析产业集群企业的创新激励，根据熊彼特的观点，垄断是创新决策的基础，也是创新的结果①。而阿罗（Arrow，1962）②认为，创新是对原有垄断利润的否定，因此，对于不同类别产业集群中的企业而言，垄断企业的创新激励不足。博尔德林（Boldrin，2010）③通过分析认为，垄断不是创新的必要条件，完全竞争条件下的创新同样可以创造租金，由此引发了学术上对创新激励与产业集群企业结构之间的争论。无论产业集群企业的结构如何，创新总能带来暂时的超额利润，特别是当创新为剧烈或者全新的产品创新时，可以形成产业集群中企业的垄断地位。但是无论是超额利润还是垄断利润，对产业集群中的其他企业都是诱惑，利益驱使会导致其他企业运用策略性行为去分割利润。在这个过程中，创新决策的成果被动或主动扩散，同时也伴随着创新企业运用模仿与阻止策略性行为发生。

## 四　博弈论

### （一）博弈论描述

最早的博弈论思想产生于中国，早在 2500 年前的春秋时期，孙武在《孙子兵法》中论述的 13 篇军事思想和治国策略，便闪烁着博弈论的光辉。100 年后孙武的后代孙膑演绎孙子兵法用于田忌赛马，可以说是最早的博弈论案例。然而直到 20 世纪 40 年代，博弈论才被系统地引入经济学研究。1944 年，数学家纽曼与摩根斯顿合作出版了《博弈论和经济行为》一书，成为现代博弈论的开端。塔克（Tucker）定义了"囚徒困境"，纳什（Nash）在 1950 年和 1951 年发表两篇关于非合作博弈的重要文章，明确提出了"纳什均衡"概念，从而解决了非合作博弈的一般求解问题，揭示了博弈论和经济均衡之间的关系，博弈论才成为一门真正的科学。莱

---

① 熊彼特：《资本主义、社会主义与民主》，商务印书馆 1999 年版，第 159 页。

② Arrow，M.，*Economic welfare and the allocation of resources for inventions*，Preston：Preston University Press，1962.

③ Boldrin，M.，"Perfectly competitive innovation"，*Journal of Monetary Economics*，Vol. 55，No. 3，2010，pp. 435 – 453.

恩哈德（Reinhard）在 1965 年发表的论文《一个具有需求惯性的寡头博弈模型》中，将"纳什均衡"概念引入动态分析，提出了"子博弈完美纳什均衡"的概念；Harsanyi 在 1967 年和 1968 年发表的论文《贝叶斯参与人完成的不完全信息博弈》中，把不完全信息引入博弈论研究。1982年，菲利普斯和威尔逊（Phillips and Wilson）合作发表了关于动态不完全信息博弈的重要文章。1994 年，Nash、Selten、Harsanyi 因其在博弈论研究的巨大贡献而获得了诺贝尔经济学奖，标志学术界对博弈论的肯定，从而将博弈论的应用和发展推上了一个新的高潮①。

博弈论是研究决策主体的行为发生直接相互作用时的决策以及这种决策的均衡问题，为了表述一个完整的博弈问题，至少需要包含三个基本要素：博弈的参加者、博弈方的策略集合、博弈方的得益。由于参加者是理性人，在给定其他人策略的条件下，每个人都选择自己的最优策略，这些所有最优策略的组合便是均衡。

（二）博弈类别

按照参与人行动的顺序划分，可分为静态博弈和动态博弈。静态博弈指博弈的参与人同时选择行动，或虽非同时但后行动者不知道先行动者所采取的行动；当考虑时间因素，博弈需要多阶段或重复的进行下去时，就成为动态博弈。动态博弈指参与人的行动有先后顺序，后行动的参与人在自己行动之前可以观察到先行动者（参与人）的行为，并在此基础上选择相应的策略。而且，由于先行动者拥有后行动者可能选择策略的完全信息，因而先行动者在选择自己的策略时，就可以预先考虑自己的选择对后行动者选择的影响，并采取相应对策。静态分析方法是博弈研究的重要基础，而动态研究则有助于人们从根本上认识和把握收益主体的行为特征、诱变因素和变化规律。

按照参与人对其对手信息获知的多少划分，分为完全信息博弈和不完全信息博弈。完全信息博弈指每一个参与人对所有其他参与人（对手）的特征、战略空间和支付函数有准确的认识（但这并不意味着他能准确地预测其他参与者的决策结果）；而在不完全信息博弈中，参与者只能了解上述信息中的一部分。

按照参加者之间能否达成一个有约束力的协议划分，分为合作博弈与

---

① 靖继鹏、张向先、李北伟：《信息经济学》，科学出版社 2007 年版，第 46 页。

非合作博弈。如果在一个博弈过程中，参与者之间的协议、承诺或威胁具有完全的约束力，并且能够强制执行，则称为合作博弈；否则，称为非合作博弈。需要指出的是，从现代经济博弈论发展的特点来看，目前非合作博弈占据主导地位，合作博弈正逐步融入非合作博弈的研究中去，将合作看作是非合作博弈的一种结果。在博弈过程中，可以把某一阶段、某一些参与者进行合作的集体看作是下一阶段的一位"新"局中人，由他进行随后新的决策，这样就可以把合作博弈作为动态非合作博弈问题进行处理。

（三）博弈论与产业集群企业创新

理论研究和实践发展证明，不同类型产业集群中的企业是创新决策的关键主体。同时，集群中企业创新决策行为是一种竞争行为。产业集群中企业的发展，关键就在于创新决策，谁能够在创新决策方面取得成功，谁就能够获得竞争优势。处于不同地位的企业根据其他企业的策略性行为选择和对预期效益的偏好，采取自己最佳的策略，达到最佳创新效果。产业集群中企业的创新决策行为又是一种协同行为。由于创新决策的高投入和市场的不确定性，带来技术创新活动的高风险，再加上许多企业特别是中小企业普遍存在创新资源不足问题，单个中小企业难以进行有效的技术创新。而产业集群中的企业可以利用地理位置上的接近和产业的关联，通过资源共享、优势互补、共同投入、风险共担方式进行合作创新，既可以克服创新资源不足的困难，又可以分散风险，提高创新能力和创新效率，使竞争双方实现"双赢"[①]。

根据博弈理论，企业的收益不仅取决于自身的战略行为，还取决于参与交易的另一企业的行为。交易双方的任何一个企业在作出自己的决策时，并不知道另一方采取了怎样的战略，而只能以实现自身利益最大化为目标对对方的决策作出理性预期。也就是说，企业之间在产业集群形成的过程中存在博弈行为。本研究运用博弈论的分析方法，从产业集群的博弈性质出发，建立企业创新决策的博弈模型，分析在策略性行为下产业集群企业创新决策。

---

① 刘友金、杨继平：《集群中企业协同竞争创新行为博弈分析》，《系统工程》2002年第11期。

# 第三节　本书的产业集群分类

从国内外学者对不同类型产业集群的研究情况来看，他们都是在分析具体的区域案例基础上进行的理论总结。不同学者根据学科的不同，观察角度的不同，研究服务目的的不同，分别给出了不同的分类方式。由于选取的角度存在差异，对于产业集群的理解各不相同，学者们衡量产业集群发展的标准就会不同。本书选取从产业集群内部企业之间关系入手，对产业集群进行分类和研究。

## 一　产业集群内部企业之间关系研究

### （一）网络化

产业集群往往有复杂的内部结构，原因在于产业集群内存在多种机构，数量也较多，各机构间往往存在错综复杂的关系。产业集群的本质特征是产业集群内部各个企业机构的关联性。如果将每个机构都抽象地看做一个点，而各个机构之间的各种关系用线来表达，那么从整体上看，产业集群就是一个由有限个点和线联结而成的复杂的网络。

### （二）产业链

从产品视角上来看，产业集群是由众多企业集中在一起共同提供一种或几种产品或者服务的"柔性生产综合体"。企业之间存在提供上下游产品生产和服务的专业化分工，从而在产业集群内部形成了一条贯穿各个企业的产业链，每个企业从本质上说都是产业链上的一个附着点。需要注意的是，产业集群内产业链上的某个环节的工作一般不是由单个企业完成的，而是由若干生产同样或者同质产品的互补企业共同完成的，形成多个企业的集合，共同占据着产业链的某个环节。因此，在分析产业集群的内部结构时，可以采取横向抽取产业链，纵向归类企业的方式来进行。

以产业链的不同环节为依据将企业归类。产业集群内部存在两类企业：第一类是彼此之间存在大量生产和业务关系的企业，从本质上说，它们是上游企业和下游企业的关系，每个企业既是中间产品供应商，同时也往往是中间产品的需求商。每个厂商也往往有多个中间产品供应和需求对象，存在着复杂的交叉关系。从整体来看，这些企业之间的关系形成了产业集群的产业链，此产业链的起始端是初始原材料供应商或者初始加工商，末端就是直接和各地代理商甚至是与消费者相联系的销售终端。需要强调的是，原材料供应商有可能不是产业链的起始端，因为某个产业集群整体所形成的产业链有可能也是另外更高层次产业链的某个环节。第二类是相关的配套机构，比如政府服务、科研咨询及其他服务机构，等等。

（三）市场化

无论什么样的产业集群，它的内部是一个巨大而复杂的市场。产业集群内产品价值链上不同企业之间的关系是至关重要的，它决定着集群内企业之间的价值关系，决定着它们的行为取向和行为方式，进而决定着这个产业集群的整体效益。在产业集群形成的初期阶段，决定产业集群能否成功的关键是产业集群内不同企业之间紧密的价值联系能否顺利形成；产业集群形成后，决定其能否健康发展的是能否处理好不同企业之间的价值联系，不合理的价值联系将使整个产业集群低效率运行，甚至走向衰亡。不同的市场结构，企业之间的关系也不同。不同的产业集群，对集群形成和发展起主导作用的企业间关系也不相同[1]。

**二　基于产业集群内部产品价值链上企业之间关系的集群分类**

本书在结合国家发展和改革委员会工业司[2]对我国产业集群分类的研究，以及杨智华（2006）[3]对产业集群分类研究的基础上，选取从产业集群内产品价值链上不同企业之间关系这一维度对产业集群进行分类，突出不同类型产业集群内部企业间关系差异的主导作用，认为产业集群可以分成以下三种类型：

（一）中小企业群生型产业集群

这类产业集群内企业的规模较小，各个企业主要集中在生产链的单一功能上，中间产品一般在区域内销售，而最终制成品则可能远销区外。在产业集群产品价值链上的各个节点都同时由大量的中小企业构成，企业之间合作与交易的关系是网络化的。众多中小企业形成垂直专业化分工合作的生产模式，实现了专业化生产和弹性化生产的统一，创造了与单个企业

①　André, L., "Mergers and the market for organization capital", *Journal of Economic Theory*, Vol. 138, No. 1, 2010, pp. 71 – 100.

②　中国产业集群发展报告课题组：《中国产业集群发展报告》，机械工业出版社 2009 年版，第 145 页。

③　杨智华：《基于产业特点的产业集群模式比较研究》，硕士学位论文，河北理工大学，2006 年。

的"大量生产"方式完全不同的生产模式，这种生产方式更能适应变化的社会。

这种类型的产业集群在浙江地区广为流行。浙江产业集群从 20 世纪 70 年代末 80 年代初开始，主要依靠民间力量，在市场机制作用下逐渐形成。浙江产业集群具有数量众多，以中小企业和传统产业为主，以"专业市场＋工厂"为主要经营模式，以特色工业园区为地理组织形式等特点。其产业分工精细，一个完整的生产流程常常被分解成几个独立的生产环节，每个环节由几家甚至几十家企业参与竞争，这样大大降低了产品制造成本并促进了技术创新。

（二）核心企业垄断型产业集群

这类产业集群中的核心企业周围集聚着大量的中小企业，核心企业发挥着至关重要的作用。核心企业完全控制了产业集群产品价值链某个或某几个节点（工序），上下游节点（工序）则均由众多中小企业共同完成。中小企业之间、核心企业与中小企业之间除了协作还有竞争，相互独立又相互依赖。如果产业集群内只有一条产品价值链，那么核心企业与其他中小企业组织结构上就表现为葡萄串式。若集群内有多条产品价值链，那么核心企业与其他中小企业组织结构上则表现为类似轮轴式（Markusen 称其为轮轴式产业集群）。

如日本的丰田城是世界著名的汽车产业集群之一，采用的是轴轮式发展模式。丰田汽车公司是轴心企业，大量中小企业作为轴心企业的供应商聚集在它周围。由于轴心企业处于产业集群网络的关键节点，能够对相关企业及整个产业集群的发展产生重要影响。目前在日本丰田市，丰田汽车公司拥有 10 座汽车厂，在丰田公司的 250 个主要供货商中，有 50 个总部设在丰田市区，其余的都在丰田市设有车间，协作厂的数量达到 1000 多家，形成了一个庞大的汽车制造产业集群。丰田汽车制造产业集群的区位布局是以丰田汽车公司总厂为中心，供应商按商圈的形状环绕周围为显著特征的。在丰田城里，众多工厂所生产的产品几乎囊括与汽车生产有关的一切部件，从钢铁、有色金属、化学制品，到纤维制品、橡胶、玻璃、塑料制品，等等。

（三）"龙头＋网络"型产业集群

这类产业集群与核心企业垄断型产业集群的差别在于由少数几家而非一家企业控制了产业集群产品价值链某个或某几个节点（工序），上下游结点则均由众多中小企业共同完成。这少数几家企业是该产业集群的龙头企业，他们与众多中小企业之间相互独立又相互依赖，在生产中发挥横向支撑作用，在营销中以品牌效应发挥纵向的纽带作用，在核心技术的研发和应用中发挥创新决策和导向作用。而众多中小型企业（或家庭工厂）结成网络状，实现了生产社会化、组织网络化和流通市场化。一方面，自己开拓市场；另一方面，由于市场能力有限，通常还需依靠龙头企业和产业集群内网络集体的力量。

典型的该类型产业集群如青岛家电产业集群，依靠海尔、海信、澳柯玛这三大核心企业的迅速发展，使青岛快速发展成为全国最大的家电制造基地，乃至世界家电产业最具吸引力的配套市场。日本松下、三洋，韩国LG，美国爱默生等跨国公司先后进驻青岛。另有近千家中小型配套企业也都在该产业集群内落户或建立。同时，各种为家电产业服务的支撑性企业或机构也日臻完善。如以青岛国际电子家电展、雅泰电器、北京国美为主的销售商，以塞维家电为主的第三方服务以及企业内部科研机构、集群内专门科研机构和高等院校创新主体都得到了蓬勃发展。

## 第四节　分类产业集群企业创新决策与策略性行为的内在关联性

### 一　中小企业群生型产业集群企业创新决策与策略性行为

这类产业集群内企业的规模较小，各个企业主要集中在生产链的单一功能上，中小企业处于支配地位，规模经济相对较低，企业之间是平等的关系，竞争异常激烈。该类产业集群虽然类似于完全竞争的市场，但却有着独特的方面。在策略性行为下，产业集群中的每个企业都想取得大于自己的正常利润，也就是说产业集群中存在创新的利润空间，这是产业集群企业进行创新决策的主要动力。每个企业都会通过各种策略性行为展开创新决策，打破相对均衡，以谋求更大利益，树立自身在产业集群中的核心地位，提升企业的核心竞争力。策略性创新行为的实施会影响其他企业，其他企业可能会选择模仿或者合作创新等决策，参与到产业集群创新决策带来额外利润的分割中。中小企业之间是横向博弈的关系。

### 二　核心企业垄断型产业集群企业创新决策与策略性行为

在这类产业集群中，一个垂直一体化的核心企业在产业集群中起决定性作用，核心企业完全决定着整个产业集群的发展方向和绩效，而大量中小企业处于附属地位，围绕这一核心企业形成了产业集群，是上下游关系，核心企业与中小企业是基于纵向的主从博弈关系；中小企业之间是横向博弈关系，与中小企业群生型产业集群企业的情形相一致。

在核心企业垄断型产业集群中，核心企业在其所控制的产品价值链结点是完全垄断的市场结构，垄断企业往往会使用多种手段在市场上竞争。竞争企业之间的地位并不是对称的，市场地位的不对称引起了决策次序的不对称。通常中小企业先观察到核心企业的行为，再选择自己的决策。在策略性行为下，该类产业集群的创新决策权完全掌握在核心企业的"手"中，核心企业会采取主动策略性行为打破市场环境的约束，通过创新决策以争取自己的最大垄断利润。

### 三　"龙头 + 网络"型产业集群企业创新决策与策略性行为

在该类产业集群中，龙头企业处于核心地位，与中小企业之间是上下游的合作关系，中小企业对龙头企业有较强的依赖关系，龙头企业属于寡头垄断。在创新中，更多的主动权在寡头垄断企业"手"中。寡头垄断企业的主动行为会使既定市场和需求条件发生变化，打破被动行为下的均衡，并进而形成更有利的新均衡。

该类产业集群中企业的相互依赖会导致两个结果：一方面，它意味着企业在作决定时会很注意其他企业的决策，对其他企业的决策进行观察或预测，并在此基础上做出自己的最佳决策选择；另一方面，它意味着企业在做决策时会注意别的企业也在观察它的决策，并且会做出反应。

因此它在做决策时会考虑别的企业可能的反应，并在此基础上做出最佳的选择。后者也就是经济学家经常说到的"策略性行为"，即一方在做决定时会考虑他方会对自己决定所做出的反应，并根据这一信息做出决定，使对方做出恰恰对自己有利的决策。对于该类产业集群企业之间的策略性行为创新决策，存在着大企业之间的横向博弈、小企业之间的横向博弈和大小企业之间的纵向博弈关系。

本书正是基于不同类型产业集群结构的特点，明确企业之间的内在关系，分析产业集群中不同地位的企业如何采取策略性行为，进行创新决策作为本研究的逻辑思路展开论述。

## 第五节　基于策略性行为的不同类型产业集群企业创新决策研究逻辑

本书将在前人研究的基础上，通过对策略性行为下不同类型产业集群企业之间的博弈，探寻产业集群企业创新决策的内在机理，并对不同类型产业集群企业创新决策的行为模式进行深入研究。

### 一　两个逻辑起点

（一）策略性行为下产业集群的分类研究

本书在比较分析国内外关于产业集群分类研究的基础上，结合国家发展和改革委员会工业司（2009）[①] 对我国产业集群分类的研究，以及杨智华（2006）[②] 对产业集群分类研究的基础上，并基于产业集群内产品价值链上不同企业之间的关系分析和企业策略性行为研究的前提下，认为当前国内外典型的产业集群可以分成如下三种类型：第一类是中小企业群生型产业集群；第二类是核心企业垄断型产业集群；第三类是"龙头 + 网络"型产业集群。

（二）策略性行为下不同类型产业集群企业创新决策模式研究

在现有产业集群创新研究文献中，学者们对整个产业集群创新决策行为描述与研究较多，对不同类别产业集群内企业主体如何采取适当的策略性行为进行创新决策研究较少，忽视了对产业集群企业策略性行为模式选择与创新决策的内在机理剖析。鉴于此，本研究将在企业策略性行为研究的基础上，深入分析不同类型产业集群中企业创新决策行为产生的原因。并以此为基础，引入策略性行为，建立创新决策模型，为不同类型产业集群企业选择最佳的创新决策模式提供依据。

### 二　产业集群企业创新决策研究主要内容

利用博弈论方法，研究策略性行为下不同类型产业集群企业创新决策的反应模式。

---

① 中国产业集群发展报告课题组：《中国产业集群发展报告》，机械工业出版社 2009 年版，第 145 页。

② 杨智华：《基于产业特点的产业集群模式比较研究》，硕士学位论文，河北理工大学，2006 年，第 70 页。

　　首先，基于策略性行为的分类产业集群企业创新决策研究。在对相关概念界定、理论阐述和集群分类研究基础上，研究不同类型产业集群企业策略性行为选择与创新决策的内在关联性，确立著作研究的逻辑起点。

　　其次，在提炼中小企业群生型产业集群主要特征的基础上，运用多维博弈模型，引入三个主要策略性行为，包括预告广告信息、提高转换成本和限制性定价，对产业集群企业创新决策进行研究。模型表明，多个企业对同类产品进行竞争时，每家企业都应同时考虑几方面策略，并选择适合企业的最优策略向量组合，如此，产业集群企业基于策略性行为的创新决策才能获得最大化利润。

　　再次，在纵向控制的框架内，从产品创新程度的角度运用模型分析，探讨核心企业采取一体化和技术许可费策略性行为对创新决策的影响，得出一些具有现实意义的结论。运用主从博弈模型，对核心企业有无策略性行为的创新决策做比较分析，认为核心企业为了牢固树立自己的垄断地位，必定采取适当的策略性行为进行创新，以获取垄断利润。

　　最后，在提炼"龙头 + 网络"型产业集群特征和创新特性基础上，运用龙头企业主导价格利润分配模型，研究龙头企业采取主动与中小企业合作的策略性行为进行创新，形成更有利的新均衡。根据斯坦克尔博格博弈思想，占主导地位的龙头企业选择与中小企业合作，在博弈以后总能得到更多的利润，并且随着合作系数的增大，龙头企业的利润也将增大，产业集群总利润也是增大的，这也激发了龙头企业创新的动力。

　　本书以新产业组织理论、产业集群理论、创新理论及博弈论为理论基础，把基于策略性行为的产业集群分类研究作为切入点，利用博弈分析、系统分析和比较分析方法研究不同类型产业集群中的企业基于策略性行为的创新决策机制，形成逻辑分析思路。

# 第六节　本章小结

　　首先，对研究过程中涉及的基本概念进行了界定，阐述了研究的理论基础：新产业组织理论、策略性行为理论、创新理论和博弈理论。

　　其次，通过比较分析认为，基于产业集群内部产品价值链上不同企业之间关系来对产业集群分类的方法更加科学，更能清晰表明不同类别产业集群企业之间的关系，这也是本书采纳该方法对产业集群分类的主要原因。

再次，研究了不同类型产业集群企业创新决策与策略性行为的内在关联性，确立了论文研究的逻辑起点。

最后，著作以基于策略性行为的产业集群分类研究为切入点，运用博弈论、系统论和比较分析的方法，形成不同类型产业集群企业创新决策研究的逻辑分析思路，为后续研究作必要准备。

# 第四章　中小企业群生型产业集群企业创新决策模型研究

本章首先对中小企业群生型产业集群进行描述，在归纳中小企业群生型产业集群主要特征的基础上，对该类型产业集群中企业的创新决策进行博弈分析。运用多维博弈模型，引入三个主要策略性行为，包括预告广告信息、提高转换成本和限制性定价，对中小企业群生型产业集群企业创新决策进行研究。模型表明，在该类产业集群中，多个企业对同类创新产品进行竞争时，每家企业都应同时考虑几方面策略性行为，并选择适合企业的最优策略性行为向量组合，如此，产业集群企业基于策略性行为创新决策才能达到利润最大化。

## 第一节　中小企业群生型产业集群描述

### 一　中小企业群生型产业集群特征

中小企业群生型产业集群通常是一群在价值链上相互需求、既竞争又合作、共享资源的地理集中①，类似产业或其替代产业的中小企业及其关联机构共同形成一个互动互补、竞争力较强的有机产业群落，是一种独特的开放性区域创新系统。

在这个集群中，中小企业处于支配地位；任何一个企业面对的市场都是类似于完全竞争市场，竞争异常激烈；规模经济效应相对较低；中小企业之间形成了相互竞争与合作的网络型关系；产业集群内部的信息传递快速，技术保密很难；主体规模较小；专业化分工强；中小企业之间关系平

---

① 冯德连：《经济全球化下中小企业集群的创新机制研究》，经济科学出版社 2005 年版，第 39 页。

等。以中小企业为主的产业集群，由于能够快速适应市场变化、满足顾客个性化需求而得到迅速发展。由中小企业形成的网络是横向网络，网络可以在产业集群内或产业集群外发展①。

纵观各国成功的中小企业可以发现，凡是发展快、效益好、生命力强的中小企业，它们大都不是零星存在，而是以产业集群的方式相聚而生，显示强大的产业集群效应，企业在产业集群效应中受益匪浅。中小企业产业集群已经成为世界范围内普遍存在的经济现象，很多发达国家早已出现了中小企业产业集群的典范。

国外如美国加州的葡萄酒业和硅谷的 IT 产业集群，意大利北部的制鞋业和纺织业产业集群等；国内中小企业产业集群在江浙一带发展较为成熟，出现了"温州模式""江浙板块"等，使江浙地区成为我国经济发展最快的地区之一。在这些产业集群内部，其单个企业的规模、生产能力和技术水平都是相当有限的，但由于企业间的适度合作和有效竞争，克服了各种不利因素，发挥了产业集群的经济效应。这些产业集群的发展模式为中小企业产业集群的发展开创了前进的方向。

**二　中小企业群生型产业集群企业创新特性**

根据已有的研究成果和实证资料可以看出，产业集群一个最主要的优势便是其创新效应。创新是产业集群竞争力的一个重要来源，创新能力始终是支撑产业集群持续发展的决定力量。产业集群实际上就是一个特殊的创新网络系统。

（一）中小企业群生型产业集群的网络关系

一般来说，每个中小企业产业集群内至少有一个产业起主导作用，其他相关实体围绕着主导产业在某一地域集聚。因此，一个产业集群往往就是一段或是一条完整的价值链。价值链的各个节点之间分工非常细致，且存在密切的协同创新关系。这种复杂的网络关系（包括正式的合作网络和非正式主体间的关系），使得创新（新观念、新技术和各种信息）在某一节点产生后，就会沿着网络关系在整个产业集群中传递、反馈、交互循环、反复流动，这也使得"高风险"的创新活动在交互协同关系中完成，大大地降低了创新的风险。

---

① Francesco, B. and Mario, P., "Engines of growth, innovation and productivity in industry groups", *Structural Change and Economic Dynamics*, Vol. 18, No. 3, 2010, pp. 84 – 98.

产业集群企业网络化是对组织创新的理论概括①，迈尔森（Myerson，1997）②在合作博弈基础上模型化了网络结构的形成，认为个体联盟只有链接在网络结构中才能使其发挥整体作用。中小企业产业集群内部基于共同的社会文化背景基础上建立的人与人之间的非正式的社会网络关系，加速了隐性知识的扩散，从而更有效地推动人力资本和知识的社会化，加速了知识的创新速度。

产业集群中处于价值链同一节点的企业之间在争夺资源的竞争中机会是平等的，而这种竞争的强度主要取决于价值链同一节点企业数量的多寡③。在中小企业群生型产业集群中，处于价值链同一节点企业数量非常多，因此在这种产业集群中企业之间的竞争是相当激烈的。由于产业集群的创新网络关系，产业集群实际上是"没有不透风"的墙，任何一家企业的秘密技术和信息，都有可能在产业集群的网络中迅速传播。正如马歇尔（Marshall，1997）④指出的："行业的秘密不再成为秘密，而似乎是公开的了，连孩子们也不知不觉地学到了许多秘密"。企业的创新决策，很容易在较短时间内被别的企业模仿。处于价值链同一节点企业之间的创新决策行为存在"创新"和"模仿"的博弈关系，企业间的博弈结果将决定性地影响整个产业集群的创新能力，进而影响产业集群的长远持续发展。

（二）网络关系对中小企业群生型产业集群企业创新决策的影响

首先，网络关系可以优化整个产业集群内企业的创新资源，保证产业集群内的市场创新，保证企业创新决策的高质量，经济增长的高品质。

其次，网络关系可以使企业自身提高对先进技术的消化和吸收，有利于逐步提高企业自主创新决策能力，带来的直接结果是产业集群内的新产品不断增加。

最后，网络关系可以为产业集群内的大量中小企业提供新技术，促进技术扩散，形成更大规模的经济增长效应，提高了企业创新决策的效率。

---

① 张钢：《企业组织网络化发展》，浙江大学出版社 2005 年版，第 28 页。

② Myerson, Y., "Graphs and cooperation in gamer", *Mathematics of Operations Research*, Vol. 2, No. 3, 1997, pp. 225 – 229.

③ 陈国宏、李凯：《产业集群的组织分析逻辑：组织本质、效率与边界》，《财经问题研究》2009 年第 1 期。

④ 马歇尔：《经济学原理》中译本，商务印书馆 1997 年版，第 38 页。

此外，网络关系有利于产业集群内新知识和新技术的增长，把企业乃至产业集群的经济增长建立在知识创新和技术创新的基础之上。而知识和技术资源具有"边际收益递增"特性，产业集群内这种资源越丰富，企业创新决策的能力越强，产业集群竞争力就越强。同时，网络关系可以培养创新型人才和高素质劳动者，并把此项活动作为产业集群持续增长的基础，极大地提升中小企业群生型产业集群企业创新决策的能力。

在知识经济时代，一定产业区域竞争优势的形成关键在于创新能力的产生。只有不断提高产业集群的创新能力，建立完善的产业集群企业创新决策机制，实现产业集群的可持续发展，才能维持产业集群所产生的竞争优势，推动经济的持续发展。创新是产业集群的未来，创新是产业集群升级的动力，产业集群在创新中前行。

**三　策略性行为下的中小企业群生型产业集群企业创新特征**

在该类型的产业集群中，位于产品价值链上同一节点的企业数量多，企业所处的环境特征是：企业之间的产品是无差异的；供求双方的数量很多，以致单个企业无法影响产品的价格；市场中的所有生产要素均具有充分流动性；市场主体所掌握的经济、技术信息是充分的。

该类产业集群虽然类似于完全竞争的市场，但却有着独特之处。在策略性行为下，产业集群中的每个企业都想取得大于正常水平的利润，换句话说，产业集群中存在创新的利润空间，这是产业集群企业选择策略性行为进行创新决策的主要动力。企业总是要采取适当的策略性行为来进行创新决策，打破相对均衡。策略性行为的实施会影响到其他企业，其他企业可能会选择模仿或者合作创新，参与到创新决策为产业集群带来额外利润的分配中。如此循环，产业集群企业的创新决策能力不断提升，产业集群的利润在适当范围内不断增加。为此，产业集群中企业如何采取适当的策略性行为进行创新决策，就成为研究的核心。

本章的讨论也正是基于中小企业群生型产业集群网络结构的前提下，探讨产业集群企业基于策略性行为的创新决策选择。同时，发展中小企业产业集群是培育与提升产业竞争优势的重要途径，是推动地方经济增长、发展区域经济的重要方式，是促进中小企业发展的重要手段。

## 第二节　中小企业群生型产业
## 集群企业策略性行为

新产业组织理论将企业策略性行为定义为：一个厂商实施的旨在影响竞争对手对该厂商行动的预期，使竞争对手在预期基础上做出有利于该厂商的行为[①]。该定义的要点是企业之间存在的相互策略性行为。

在现实生活中，企业之间的策略性行为相互作用构成了许多市场现象的基础，如合谋、掠夺性定价、垂直限制、排他性交易、价格歧视、研究开发等，这些市场现象往往是在不完全信息和动态竞争环境中进行的，因而要想明确地判断其对消费者或者社会福利的影响是相当困难的[②]。而采用策略性行为研究的方法，能够在很大程度上对这些现象提供解释，并且贴近市场现实。一般企业之间的策略性行为见表 4 - 1。

表 4 - 1　　　　　　　　　　企业策略性行为

| 策略性行为 | 针对对象 | 用途 |
| --- | --- | --- |
| 限制性定价 | 潜在进入者 | 通过低价格降低潜在进入者盈利预期 |
| 掠夺性定价 | 潜在进入者和竞争者 | 价格低于对手，排挤对手 |
| 预告广告信息 | 竞争者 | 通过预告信息，使竞争者产生预期 |
| 提高转换成本 | 竞争者 | 固定用户，排挤竞争者 |
| 提高对手成本 | 潜在进入者和竞争者 | 利用提高工资和投入品价格<br>等手段，降低竞争者盈利 |
| 过度生产能力投资 | 潜在进入者 | 保持较大生产能力，使对手退缩 |

资料来源：根据干春晖[③]研究整理。

在中小企业群生型产业集群中，任何一个企业面对的市场都是类似于完全竞争市场，竞争异常激烈，每一个企业的任何策略性行为都可能影响

---

[①]　干春晖：《产业经济学》，机械工业出版社 2006 年版。

[②]　Ohanian, L. Edward, C. and Nancy, L., "Stokey. Introduction to dynamic general equilibrium", *Journal of Economic Theory*, Vol. 144, No. 6, 2009, pp. 2235 - 2246.

[③]　干春晖：《产业经济学》，机械工业出版社 2006 年版，第 77 页。

其他企业产品的需求状况。每个企业想获得更大的利润都不是很容易的事情，为了获得更大的经济效益，往往需要从多个方面同时与其他企业进行博弈，以达到获取更大利润的目的。为此，结合中小企业产业集群的特征，引入多维博弈理论，对于处于支配地位、规模经济效应相对较低、信息传递快速和技术保密很难的中小企业之间形成相互竞争与合作的网络型关系展开研究。产业集群企业为了获得更大的利润，在与其他企业竞争时，可以采取预告广告信息、提高转换成本和限制性定价等策略性行为组合，进行创新决策。同时，每家企业应综合考虑几方面策略性行为，以选择最优策略性行为组合，只有这样，产业集群中企业的创新决策才能达到利润最大化。本部分也以此为前提展开论述。

## 第三节　基于策略性行为的中小企业群生型产业集群企业创新决策模型

本书在刘军等（2009）[①] 研究的基础上，将多维博弈模型引入中小企业产业集群企业创新决策的分析框架中。原模型是在泛指产品市场的前提下，多个企业垄断一个行业产品市场的情形。本书结合中小企业群生型产业集群特征，将原模型的影响策略：广告投入、服务投入和市场价格进行了调整，即影响该类产业集群企业创新决策的主要策略性行为设定为预告广告信息、提高转换成本和限制性定价，来研究该类型产业集群中企业的创新决策问题。

### 一　模型假设

（1）中小企业群生型产业集群中共有 $n$（$n \geq 2$）个企业生产同类产品，它们所生产的产品全部在该地区销售，并且垄断了该地区市场；

（2）在完全信息条件下，该类产业集群中的企业同时开展产品创新决策；

（3）在产业集群产品总需求一定的前提下，产业集群中任一企业创新产品的需求量，分别是其预告广告信息、提高转换成本策略性行为与产业集群中其他企业限制性定价策略性行为的增函数；是本企业限制性定价

---

① 刘军等：《多个企业下的多维博弈模型及均衡分析》，《运筹与管理》2009 年第 2 期。

策略性行为与其他企业的预告广告信息、提高转换成本策略性行为的减函数；

（4）在不影响讨论此问题的前提下，不考虑固定生产成本，同时产业集群中企业 $i$ 生产创新产品的边际成本分别为常数 $C_i$（$i=1$，$2$，$\cdots$，$n$）。

## 二　构建模型

设定产业集群中企业 $i$（$i=1$，$2$，$\cdots$，$n$），选择预告广告信息、提高转换成本、限制性定价的策略性行为向量为：

$$(a_i, z_i, l_i) \geqslant 0, (a_i, z_i, l_i) \in A_i \times Z_i \times L_i$$

其中，$A_i$，$Z_i$ 和 $L_i$ 分别表示企业的预告广告信息、提高转换成本、限制性定价的策略性行为空间。

企业 $i$ 的创新产品顾客需求函数为：

$$Q_i = Q_i\{(a_1, z_1, l_1), (a_2, z_2, l_2), \cdots, (a_i, z_i, l_i), \cdots, (a_n, z_n, l_n)\}$$

$$= G - k_{1i}l_i + \sum_{j=1 j \neq i}^{n} k_{2j}l_j + k_{3i}\sqrt{a_i} - \sum_{j=1 j \neq i}^{n} k_{4j}\sqrt{a_j} + k_{5i}\sqrt{z_i} - \sum_{j=1 j \neq i}^{n} k_{6j}\sqrt{z_j},$$

$$\tag{4-1}$$

$$(i = 1, 2, \cdots, n)$$

其中，$G$ 是产业集群所在地对该创新产品的总需求量，$k_{mi}$ 表示策略性行为对企业 $i$ 创新决策产品的顾客需求量的影响系数，且 $k_{mi} > 0$。

$$m = 1, 2, \cdots, 6; i = 1, 2, \cdots, n \tag{4-2}$$

（4-1）式的含义在于产业集群总需求量一定的前提下，产业集群中企业主动采取限制定价策略性行为时，本企业的产品需求量会随着其价格的增高而减少，随着预告广告信息和提高转换成本策略性行为的实施，创新产品的需求量会增加；而其他企业创新产品的需求量会发生相反变化。

企业 $i$ 的利润函数为：

$$U_i\{(a_1, z_1, l_1), (a_2, z_2, l_2), \cdots, (a_i, z_i, l_i), \cdots, (a_n, z_n, l_n)\}$$

$$= Q_i(l_i - c_i) - a_i - z_i$$

$$= \left(G - k_{1i}l_i + \sum_{\substack{j=1 \\ j \neq i}}^{n} k_{2j}l_j + k_{3i}\sqrt{a_i} - \sum_{\substack{j=1 \\ j \neq i}}^{n} k_{4j}\sqrt{a_j} + k_{5i}\sqrt{z_i} - \sum_{\substack{j=1 \\ j \neq i}}^{n} k_{6j}\sqrt{z_j}\right)$$

$$(l_i - c_i) - a_i - z_i \tag{4-3}$$

由于集群企业 $i$ 的策略性行为空间 $A_i \times Z_i \times L_i$ 是非空紧凸子集，利润函数 $U_i$ 关于策略性行为剖面 $\{(a_1, z_1, l_1), (a_2, z_2, l_2), \cdots, (a_i, z_i, l_i), \cdots,$

$(a_n, z_n, l_n) \}$ 为连续的，且当关于集群企业 $i$ 的纯策略性行为向量 $(a_i, z_i, l_i)$ 为拟凹时，此多维博弈问题存在一个纯策略性行为纳什均衡[1]。

### 三　均衡解

分别对参与集群企业的利润函数 $U_i$ 求关于 $a_i$、$z_i$、$l_i$ 的一阶导数，并令其等于零，即

$$\frac{\partial U_i}{\partial a_i} = \frac{k_{3i}}{2\sqrt{a_i}}(l_i - c_i) - 1 = 0$$

$$\frac{\partial U_i}{\partial z_i} = \frac{k_{5i}}{2\sqrt{z_i}}(l_i - c_i) - 1 = 0$$

$$\frac{\partial U_I}{\partial l_i} = -k_{1i}(l_i - c_i) + G - k_{1i}l_i + \sum_{\substack{j=1 \\ j \neq i}}^{n} k_{2j}l_j + k_{3i}\sqrt{a_i} - \sum_{\substack{j=1 \\ j \neq i}}^{n} k_{4j}\sqrt{a_j} + k_{5i}\sqrt{z_i} -$$

$$\sum_{\substack{j=1 \\ j \neq i}}^{n} k_{6j}\sqrt{z_j} = 0 \tag{4-4}$$

以矩阵表示：

$$\begin{bmatrix} -1 & 0 & \dfrac{k_{3i}}{2} \\ 0 & -1 & \dfrac{k_{5i}}{2} \\ -k_{3i} & -k_{5i} & 2k_{1i} \end{bmatrix} \begin{bmatrix} \sqrt{a_i} \\ \sqrt{z_i} \\ l_i \end{bmatrix} + \sum_{j=1 j \neq 1}^{n} \begin{bmatrix} 0 & 0 & 0 \\ 0 & 0 & 0 \\ k_{4j} & k_{6j} & -k_{2j} \end{bmatrix} \begin{bmatrix} \sqrt{a_i} \\ \sqrt{z_i} \\ l_i \end{bmatrix} = \begin{bmatrix} \dfrac{k_{3i}c_i}{2} \\ \dfrac{k_{5i}c_i}{2} \\ G + k_{1j}c_i \end{bmatrix} \tag{4-5}$$

设 $M_i = \begin{bmatrix} -1 & 0 & \dfrac{k_{3i}}{2} \\ 0 & -1 & \dfrac{k_{5i}}{2} \\ -k_{3i} & -k_{5i} & 2k_{1i} \end{bmatrix}$　$N_i = \begin{bmatrix} 0 & 0 & 0 \\ 0 & 0 & 0 \\ k_{4j} & k_{6j} & -k_{2j} \end{bmatrix}$ $\tag{4-6}$

$$Y_i = \begin{bmatrix} \dfrac{k_{3i}c_i}{2} \\ \dfrac{k_{5i}c_i}{2} \\ G + k_{1j}c_i \end{bmatrix}　X_i = \begin{bmatrix} \sqrt{a_i} \\ \sqrt{z_i} \\ l_i \end{bmatrix} \tag{4-7}$$

---

[1]　谭德庆：《多维博弈及应用研究》，西南交通大学，2004 年，第 67 页。

得矩阵方程：

$$M_i X_i + \sum_{\substack{j=1 \\ j \neq 1}}^{n} N_j X_j = Y_j \qquad i = 1,2,\cdots,n \qquad (4-8)$$

可得到关于 $X_1, X_2, \cdots, X_n$ 的矩阵方程组：

$$M_1 X_1 + N_2 X_2 + \cdots + N_n X_n = Y_1$$

$$N_1 X_1 + M_2 X_2 + \cdots + N_n X_n = Y_2$$

$$\cdots$$

$$N_1 X_1 + N_2 X_2 + \cdots + M_n X_n = Y_n \qquad (4-9)$$

方程组（4-9）可以写成分块矩阵方程形式：

$$\begin{bmatrix} M_1 & N_2 & \cdots & N_n \\ N_1 & M_2 & \cdots & N_n \\ \vdots & \vdots & \cdots & \vdots \\ N_1 & N_2 & \cdots & M_n \end{bmatrix} \begin{bmatrix} X_1 \\ X_2 \\ \vdots \\ X_n \end{bmatrix} = \begin{bmatrix} Y_1 \\ Y_2 \\ \vdots \\ Y_n \end{bmatrix} \qquad (4-10)$$

（4-10）式左端第一个分块矩阵是非奇异阵，则方程组（4-9）有唯一解，计算得到均衡解为：

$$\begin{bmatrix} X_1^* \\ X_2^* \\ \vdots \\ X_n^* \end{bmatrix} = \begin{bmatrix} M_1 & N_2 & \cdots & N_n \\ N_1 & M_2 & \cdots & N_n \\ \vdots & \vdots & \cdots & \vdots \\ N_1 & N_2 & \cdots & M_n \end{bmatrix}^{-1} \begin{bmatrix} Y_1 \\ Y_2 \\ \vdots \\ Y_n \end{bmatrix} \qquad (4-11)$$

只要求出企业 $i$ 的最优解 $X_i^* = (\sqrt{a_i}, \sqrt{z_i}, l_i)^{*T}$，就能求得 $n$ 个企业在预告广告信息、提高转换成本和限制性定价选择上的最优策略性行为组合：

$$\{(a_1, z_1, l_1)^{*T}, (a_2, z_2, l_2)^{*T}, \cdots (a_n, z_n, l_n)^{*T}\}$$

$$= \{((\sqrt{a_1})^2, (\sqrt{z_1})^2, l_1)^{*T}, ((\sqrt{a_2})^2, (\sqrt{z_2})^2, l_2)^{*T}, \cdots, ((\sqrt{a_n})^2, ((\sqrt{z_n})^2, l_n)^{*T}\}$$

$$(4-12)$$

因此，当中小企业群生型产业集群企业在市场上对同类创新决策产品进行竞争时，每个企业都在使自己的利益最大化，每个企业都有多维策略性行为的选择。因此，参与竞争的产业集群企业应该综合考虑多维策略性行为，并合理选择最优策略性行为的向量组合，这样才能使企业创新决策达到利润最大化。

# 第四节　基于策略性行为的创新决策模型仿真模拟

## 一　模拟工具选择

本书使用矩阵实验室软件 Matlab（Matrix Laboratory）实现模型的模拟。Matlab 是由美国 Mathworks 公司发布的主要面对科学计算、可视化以及交互式程序设计的高科技计算环境。它将数值分析、矩阵计算、科学数据可视化以及非线性动态系统的建模和仿真等诸多强大功能集成在一个易于使用的视窗环境中，为科学研究、工程设计以及必须进行有效数值计算的众多科学领域提供了一种全面的解决方案。在 Matlab 环境中，可以对模型中的一些变量，依据常识和基本原则，预先设置一些约束条件加到建好的模型中，模拟现有模型在运行时对数据的拟合情况，就可以判断模型的合理性和真实性，并通过调整结构和参数使模型更趋合理。

## 二　仿真模拟分析

根据对集群企业创新决策的多维博弈模型讨论，来说明策略性行为对中小企业群生型产业集群企业产品创新决策的影响。在前面讨论的多维博弈模型基础上，赋予产业集群企业预告广告信息、提高转换成本和限制性定价选择上的最优策略性行为组合，来讨论策略性行为下的产业集群企业产品创新决策问题。运用 Matlab 软件，开展模拟研究，（具体仿真模拟程序和运算见附录一）。

以产业集群中有 2 家企业（$n=2$）为例，可以分别获得每家企业的最佳利润和最佳需求量的函数表达式：

企业 1 的最佳利润表达式：

$$U_1 = (G - k_{11} \cdot \chi_3 + k_{22} \cdot \chi_6 + k_{31} \cdot \chi_1 - k_{42} \cdot \chi_4 + k_{51} \cdot \chi_2 - k_{62} \cdot \chi_5) \cdot (\chi_3 - c_1) - \sqrt{\chi_1} - \sqrt{\chi_2} \tag{4-13}$$

企业 2 的最佳利润表达式：

$$U_2 = (G - k_{12} \cdot \chi_6 + k_{21} \cdot \chi_3 + k_{32} \cdot \chi_4 - k_{41} \cdot \chi_1 + k_{52} \cdot \chi_5 - k_{61} \cdot \chi_2) \cdot (\chi_6 - c_2) - \sqrt{\chi_4} - \sqrt{\chi_5} \tag{4-14}$$

企业 1 最佳产品需求量：

$$Q_1 = G - k_{11} \cdot \chi_3 + k_{22} \cdot \chi_6 + k_{31} \cdot \chi_1 - k_{42} \cdot \chi_4 + k_{51} \cdot \chi_2 - k_{62} \cdot \chi_5$$

$$(4-15)$$

企业 2 最佳产品需求量：

$$Q_2 = G - k_{12} \cdot \chi_6 + k_{21} \cdot \chi_3 + k_{32} \cdot \chi_4 - k_{41} \cdot \chi_1 + k_{52} \cdot \chi_5 - k_{61} \cdot \chi_2$$

$$(4-16)$$

企业 1 在预告广告信息、提高转换成本和限制定价策略性行为的最优组合：

$$S_{t_1} = (\sqrt{\chi_1}, \sqrt{\chi_2}, \chi_3)$$

$$(4-17)$$

企业 2 在预告广告信息、提高转换成本和限制定价策略性行为的最优组合：

$$S_{t_2} = (\sqrt{\chi_4}, \sqrt{\chi_5}, \chi_6)$$

$$(4-18)$$

（二）策略性行为影响参数分析

1. 单一参数变化影响

以 $k_{11}$ 对产业集群企业产品创新决策最大利润的影响为例，赋予 $k_{11}$ 不同的影响系数，展开模拟分析。这里将影响系数变化设定为产业集群环境发生变化，即由于产业集群企业都在进行创新决策，企业都会采取策略性行为，直接导致产业集群竞争环境发生变化。结果见表 4 - 2。

表 4 - 2　　　　　　　　 **$K_{11}$ 对产业集群企业最大利润的影响**

|          | 1   | 2   | 3   | 4   | 5   |
| -------- | --- | --- | --- | --- | --- |
| $k_{11}$ | 0.1 | 0.2 | 0.3 | 0.4 | 0.5 |
| $k_{21}$ | 0.1 | 0.1 | 0.1 | 0.1 | 0.1 |
| $k_{31}$ | 0.1 | 0.1 | 0.1 | 0.1 | 0.1 |
| $k_{41}$ | 0.1 | 0.1 | 0.1 | 0.1 | 0.1 |
| $k_{51}$ | 0.1 | 0.1 | 0.1 | 0.1 | 0.1 |
| $k_{61}$ | 0.1 | 0.1 | 0.1 | 0.1 | 0.1 |
| $k_{12}$ | 0.1 | 0.1 | 0.1 | 0.1 | 0.1 |
| $k_{22}$ | 0.1 | 0.1 | 0.1 | 0.1 | 0.1 |
| $k_{32}$ | 0.1 | 0.1 | 0.1 | 0.1 | 0.1 |
| $k_{42}$ | 0.1 | 0.1 | 0.1 | 0.1 | 0.1 |
| $k_{52}$ | 0.1 | 0.1 | 0.1 | 0.1 | 0.1 |
| $k_{62}$ | 0.1 | 0.1 | 0.1 | 0.1 | 0.1 |
| $C_1$    | 100 | 100 | 100 | 100 | 100 |
| $C_2$    | 120 | 120 | 120 | 120 | 120 |

续表

| | 1 | 2 | 3 | 4 | 5 |
|---|---|---|---|---|---|
| $G$ | 1000 | 1000 | 1000 | 1000 | 1000 |
| $U_1$ | $9.5136 \times 10^6$ | $3.4888 \times 10^6$ | $2.1119 \times 10^6$ | $1.5072 \times 10^6$ | $1.1680 \times 10^6$ |
| $U_2$ | $9.4864 \times 10^6$ | $4.9850 \times 10^6$ | $4.0173 \times 10^6$ | $3.6015 \times 10^6$ | $3.3700 \times 10^6$ |

2. 多系数同时变化

产业集群企业均采取策略性行为组合进行创新决策时，意味着影响参数会同时发生变化，产业集群企业创新决策环境会随之改变。为此，将影响企业产品创新决策的策略性行为组合赋予不同的系数，求出不同策略性行为组合对产业集群企业产品创新决策最大利润的影响，具体影响见表4-3。

表4-3　　　　　　策略性行为对企业创新决策影响

| | 1 | 2 | 3 | 4 | 5 | 6 | 7 | 8 | 9 | 10 |
|---|---|---|---|---|---|---|---|---|---|---|
| $k_{11}$ | 0.1 | 0.2 | 0.3 | 0.4 | 0.5 | 0.1 | 0.1 | 0.1 | 0.1 | 0.1 |
| $k_{21}$ | 0.5 | 0.4 | 0.3 | 0.2 | 0.1 | 0.1 | 0.1 | 0.1 | 0.1 | 0.1 |
| $k_{31}$ | 0.1 | 0.1 | 0.1 | 0.1 | 0.1 | 0.5 | 0.4 | 0.3 | 0.2 | 0.1 |
| $k_{41}$ | 0.1 | 0.1 | 0.1 | 0.1 | 0.1 | 0.1 | 0.1 | 0.1 | 0.1 | 0.1 |
| $k_{51}$ | 0.1 | 0.1 | 0.1 | 0.1 | 0.1 | 0.1 | 0.1 | 0.1 | 0.1 | 0.1 |
| $k_{61}$ | 0.1 | 0.1 | 0.1 | 0.1 | 0.1 | 0.1 | 0.2 | 0.3 | 0.4 | 0.5 |
| $k_{12}$ | 0.1 | 0.1 | 0.1 | 0.1 | 0.1 | 0.1 | 0.1 | 0.1 | 0.1 | 0.1 |
| $k_{22}$ | 0.1 | 0.1 | 0.1 | 0.1 | 0.1 | 0.1 | 0.1 | 0.1 | 0.1 | 0.1 |
| $k_{32}$ | 0.1 | 0.2 | 0.3 | 0.4 | 0.5 | 0.1 | 0.1 | 0.1 | 0.1 | 0.1 |
| $k_{42}$ | 0.5 | 0.4 | 0.3 | 0.2 | 0.1 | 0.1 | 0.1 | 0.1 | 0.1 | 0.1 |
| $k_{52}$ | 0.1 | 0.1 | 0.1 | 0.1 | 0.1 | 0.1 | 0.2 | 0.3 | 0.4 | 0.5 |
| $k_{62}$ | 0.1 | 0.1 | 0.1 | 0.1 | 0.1 | 0.5 | 0.4 | 0.3 | 0.2 | 0.1 |
| $C_1$ | 100 | 100 | 100 | 100 | 100 | 100 | 100 | 100 | 100 | 100 |
| $C_2$ | 120 | 120 | 120 | 120 | 120 | 120 | 120 | 120 | 120 | 120 |
| $G$ | 1000 | 1000 | 1000 | 1000 | 1000 | 1000 | 1000 | 1000 | 1000 | 1000 |
| $U_1$ | $-9.6026 \times 10^9$ | $-1.6692 \times 10^7$ | $-2.8854 \times 10^6$ | $4.2420 \times 10^5$ | $2.4543 \times 10^6$ | $2.6804 \times 10^7$ | $1.1159 \times 10^7$ | $8.3269 \times 10^6$ | $7.8467 \times 10^6$ | $4.9934 \times 10^6$ |
| $U_2$ | $2.5520 \times 10^{10}$ | $6.6868 \times 10^7$ | $2.2165 \times 10^7$ | $1.2473 \times 10^7$ | $1.0180 \times 10^7$ | $2.6335 \times 10^7$ | $1.2755 \times 10^7$ | $1.0041 \times 10^7$ | $9.4976 \times 10^6$ | $9.8247 \times 10^6$ |

通过数据可以清晰看到，不同策略性行为组合影响系数对产业集群企业产品创新决策利润影响很大，产业集群企业创新决策取得最大利润的最佳策略性行为组合见表4-4和表4-5。

表 4 - 4　　　　　　　企业 1 最大利润的策略性行为系数组合

| $K_{11}$ | $K_{21}$ | $K_{31}$ | $K_{41}$ | $K_{51}$ | $K_{61}$ | $K_{12}$ | $K_{22}$ | $K_{32}$ | $K_{42}$ | $K_{52}$ | $K_{62}$ |
|------|------|------|------|------|------|------|------|------|------|------|------|
| 0.1 | 0.1 | 0.3 | 0.1 | 0.1 | 0.3 | 0.1 | 0.1 | 0.1 | 0.1 | 0.3 | 0.3 |

表 4 - 5　　　　　　　企业 2 最大利润的策略性行为系数组合

| $K_{11}$ | $K_{21}$ | $K_{31}$ | $K_{41}$ | $K_{51}$ | $K_{61}$ | $K_{12}$ | $K_{22}$ | $K_{32}$ | $K_{42}$ | $K_{52}$ | $K_{62}$ |
|------|------|------|------|------|------|------|------|------|------|------|------|
| 0.1 | 0.1 | 0.1 | 0.1 | 0.1 | 0.5 | 0.1 | 0.1 | 0.1 | 0.1 | 0.5 | 0.1 |

企业 1 取得最大创新利润：$8.3269 \times 10^{6}$。

企业 2 取得最大创新利润：$9.8247 \times 10^{6}$。

另外，仿真模拟结果显示，在策略性行为下，产业集群企业策略性行为组合选择不合适时，企业创新决策会出现亏损，见表 4 - 6。

表 4 - 6　　　　　　　企业 1 最大亏损的策略性行为系数组合

| $K_{11}$ | $K_{21}$ | $K_{31}$ | $K_{41}$ | $K_{51}$ | $K_{61}$ | $K_{12}$ | $K_{22}$ | $K_{32}$ | $K_{42}$ | $K_{52}$ | $K_{62}$ |
|------|------|------|------|------|------|------|------|------|------|------|------|
| 0.1 | 0.5 | 0.1 | 0.1 | 0.1 | 0.1 | 0.1 | 0.1 | 0.1 | 0.5 | 0.1 | 0.1 |

企业 1 最大亏损：$-9.6026 \times 10^{9}$。

图 4 - 1 能更加清晰地展示产业集群企业策略性行为选择对产业集群中不同企业产品创新决策的影响。当影响系数 $k_{11}$ 在 0.1—0.2 之间变化时，对企业产品创新决策的影响十分明显，在 0.2—0.5 之间变化时，影响趋于缓慢。

产业集群企业可以根据此模型选择适合自己企业的最佳产品创新决策组合，并获取最大利润。

# 第五节　本章小结

首先，本章描述了中小企业群生型产业集群的特征和特性。研究了中小企业群生型产业集群的网络关系对企业创新决策的影响；探讨了策略性

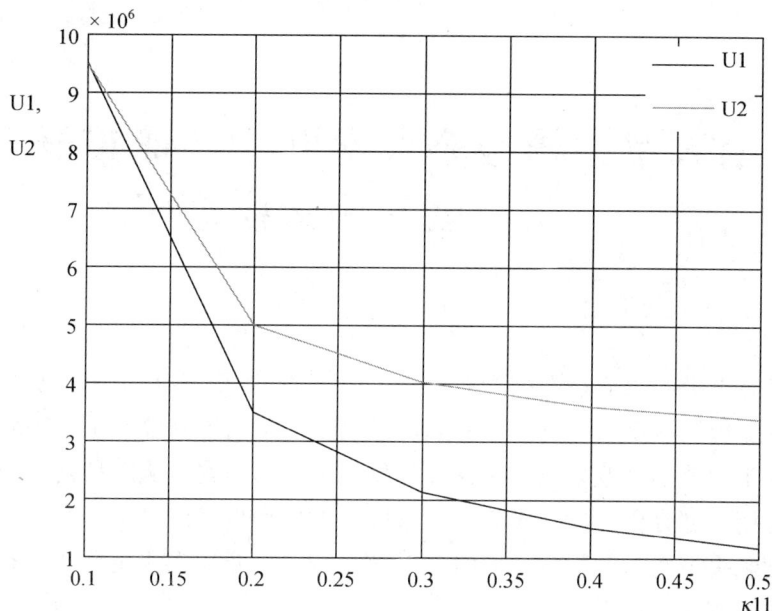

**图 4 - 1　基于策略性行为组合的企业创新决策博弈模拟曲线**

行为下中小企业群生型产业集群企业创新决策的特征。在策略性行为下，产业集群中存在创新的利润空间，这是产业集群企业创新的主要动力。策略性行为组合的实施会影响其他企业，其他企业可能会选择模仿或者合作等创新决策，参与创新为产业集群带来额外利润的分配中。为此，产业集群中企业如何采取适当的策略性行为组合来进行产品创新决策，就成为研究的核心。

　　其次，运用多维博弈模型，引入三个主要策略性行为，包括预告广告信息、提高转换成本和限制性定价，对策略性行为下的中小企业群生型产业集群企业创新决策进行研究。模型表明在该类产业集群中，多个企业对同类产品进行竞争时，每家企业都应同时考虑多种策略性行为，并选择适合自身企业的最优策略性行为组合，如此，产业集群企业的基于策略性行为创新决策才能达到利润最大化。

　　最后，运用 Matlap 软件对模型进行了模拟分析，结果证明均衡解的存在。

# 第五章 核心企业垄断型产业集群企业创新决策模型研究

本章对核心企业垄断型产业集群进行描述，归纳核心企业垄断型产业集群主要特征和创新的特性。在纵向控制的框架内研究核心企业垄断型产业集群中，核心企业采取策略性行为创新决策的问题。从产品创新程度角度，运用模型分析，探讨核心企业采取一体化和技术许可费策略性行为对产品创新决策选择的影响。同时，对核心企业垄断型产业集群企业有无策略性行为创新决策做比较研究。

## 第一节 核心企业垄断型产业集群描述

### 一 核心企业垄断型产业集群特征

核心企业为主导的产业集群，本质上是一个产业链的上下游环节以互信和契约为基础而形成的网络组织。核心企业与配套企业之间，配套企业相互之间既有产品制造上的紧密合作，同时企业之间也微妙地存在对市场需求和产业利润的相互争夺[①]。

通常情况下，核心企业是整个产业集群的中心，决定着整个产业集群的发展方向和绩效，核心企业在其所控制的产品价值链节点是完全垄断的市场结构，其他企业处在它的外围；核心企业与外围企业之间存在着密切的合作和联系，核心企业常常控制着资金、技术和商业服务等。

大量中小企业处于附属地位，围绕核心企业安排生产形成了产业集群；群内有大量的中小企业；中小企业与核心企业是上下游的合作关系，

---

① Bolton, P. and Bonanno, G., "Vertical restraints in a model of vertical differentiation", *Quarterly Journal of Economics*, Vol. 103, No. 3, 2010, pp. 555–570.

是依赖和被依赖的关系①。中小企业之间的垂直分工和水平分工与中小企业群生型产业集群相同。核心企业与中小企业之间由于地理位置接近和频繁的交流，增进了双方的吸收和学习，使核心企业的产品创新扩散很快，中小企业的竞争力得到了提升，企业间的竞争与协作又迫使企业不断创新，提高自己的竞争力，这种互动式的竞争最后使整个产业集群产生了创新效应。

国内如长春汽车产业集群、南京和大庆石化产业集群是这类集群的成功典型。国外如美国西雅图航空业产业集群、日本丰田汽车产业集群也是这类产业集群的代表。

### 二　核心企业垄断型产业集群企业创新特性

在该类型产业集群中，核心企业独家占据产品价值链的某个或几个主要节点②，企业的规模大，实力强，它控制着整个产业集群的发展方向。也就是说，该类型产业集群的创新能力完全控制在核心企业手中，核心企业的创新能力和动力实际上就是整个产业集群的创新能力和动力。

从产业本身角度分析来看，这种类型产业集群的形成，说明核心企业所控制的几个产品价值链节点之间存在生产工艺的不可分性或构建企业需要巨额投资的特性。中小企业技术与创新能力的成长极为缓慢，普遍缺乏配套创新的能力，它们只能承接供应一些简单且技术含量不高的零部件生产，而核心企业控制着核心技术。

从产业组织理论中的企业规模角度出发，中小企业规模小，体制灵活，更容易迅速决策，创新后收益率高，企业创新动力高，但是恰恰由于规模小，致使科研人员、资金等创新资源明显不足，抗风险能力差；而核心企业在创新资源上有明显优势。

同时，核心企业作为整个产业集群的"发动机"，它的兴衰关乎着整个产业集群的兴衰。产业集群中具有很大控制力量的核心企业需要通过创新决策，推动整个产业集群不断向前发展，提高整个产业集群的竞争力。

### 三　策略性行为下的核心企业垄断型产业集群企业创新

在策略性行为下，该类产业集群的创新决策完全掌握在核心企业手

---

① 许庆瑞、毛凯军：《论企业集群中的龙头企业网络和创新》，《研究与发展管理》2003 年第 4 期。

② 张杰：《我国地方产业集群的升级路径：基于组织分工架构的一个初步分析》，《中国工业经济》2006 年第 5 期。

中，核心企业为了获取更大的垄断利润，会采取一些主动的策略性行为。由于产业集群中只有一个核心企业，该核心企业控制的若干生产工序，没有水平分工，核心企业能够获取产业集群创新决策中的垄断利润①。在产业集群中，核心企业能够通过策略性行为操纵市场环境，进而影响潜在进入者对该市场的预期，为自己在市场竞争中居于优势地位、继续获取超额利润创造条件。

竞争企业之间的地位并不是对称的，市场地位的不对称引起决策次序的不对称，通常中小企业先观察核心企业的策略性行为，再决定自己的策略。因此，对这类产业集群的研究主要是关于核心企业的创新决策的认识。

## 第二节　核心企业垄断型产业集群中企业策略性行为

在任一时点上，企业追求利益最大化目标时都会受到若干约束。在给定的约束条件下，企业追求目标结果最大化的各种努力构成了企业对约束条件的被动行为。在传统产业组织理论中，市场结构是既定的，相应的需求条件也是既定的，因而企业只能在这些既定条件下被动地追求利润最大化。企业针对追求利润最大化的约束条件而采取的主动行为，即为企业的策略性行为。企业的策略性行为直接影响竞争对手对其行为结果的预期，从而改变竞争对手的行为模式，因此，实施策略性行为的企业所处的市场环境得到了改善。

对于核心企业垄断型产业集群，核心企业与大量中小企业是上下游关系，产业集群结构通常是共同完成同一产品的多个生产阶段和销售的基本组织形式，是依赖和被依赖的纵向关系。在这样的结构中，企业一般是在这个组织形式内实施有利于自己的策略性行为。垄断企业往往会使用多种手段在市场上竞争，核心企业也有能力运用策略性行为去"欺压"其他中小企业，打破市场环境的约束以争取自己的最大利益，体现出垄断势力

---

① 杨智华：《基于产业特点的产业集群模式比较研究》，硕士学位论文，河北理工大学，2006年，第48页。

的本质。核心企业的主动行为会使既定市场和需求条件发生变化，可以打破被动行为下的均衡，并进而形成更有利的新均衡。这些主动行为包括可以在一段时间内为改变或消除企业面临的约束，为使企业追求的目标产生更好的结果而做出努力。从广义来说，技术许可费、纵向一体化、广告、合谋行为、价格策略等都可以被看作是用来放宽约束条件的主动策略性行为。

因此，纵向企业策略性行为必然以合作策略为主，以纵向企业间达成合作为前提，实施纵向策略性行为的目的是使这种合作更有利于自己。企业通过实施策略性行为，改变上下游关联企业决策模式，从而使合作结果更有利于自己的利润最大化目标。

总之，在该类产业集群中，核心企业的垄断势力表现为促进合作，并在合作中获取更大的利益。

## 第三节　基于策略性行为的核心企业垄断型产业集群企业创新决策模型

随着科技的迅速发展，核心企业垄断型产业集群中核心企业利用先进的技术对中小企业实施控制，技术许可费和纵向一体化是核心企业对中小企业的主要控制策略性行为之一[①]。Scherer 和 Ross （1990）[②] 对 RPM （Resale Price Maintenance 称为限制转售价格或维持转售价格）、独占区域和纵向一体化的价格效应进行了比较，得出了在 RPM 契约下的下游企业零售价格高于纵向一体化和独占区域价格水平的结论。Bernheim 和 Whinston （1998）[③] 研究认为，企业通过建立 RPM 契约，能够消除搭便车问题产生的零售商之间的价格竞争。Rey 和 Tirole （2005，1986）[④] 指出，在

① Bolton, P. and Bonanno, G., "Vertical restraints in a model of vertical differentiation", *Quarterly Journal of Economics*, Vol. 103, No. 3, 2010, pp. 555－570.

② Scherer, F. and Ross, D., *Industrial market structure and economic performance*, Boston: Houghton Mifflin Co., 1990.

③ Bernheim, B. and Whinston, M., "Exclusive dealing", *Journal of Political Economy*, Vol. 34, No. 1, 1998, pp. 64－83.

④ Rey, P. and Tirole, J., *A prime on foreclosure. Handbook of industrial organization* III, North－Holland: Armstrong, 2005.

不同条件下，纵向一体化和各种纵向约束之间不是可以完全代替的。Joel 和 Ramon（2006）[1] 从创新效率的角度对上游企业采用纵向一体化和技术许可费两种纵向控制决策的私人激励和社会激励进行了比较和分析。

本部分主要以文献[2]研究为基础，在纵向控制框架内，讨论和评价该类产业集群中核心企业选择技术许可费和纵向一体化策略性行为创新决策的均衡结果。

## 一 核心企业基于策略性行为创新决策模型

### （一）模型假设

假设核心企业垄断型产业集群中的市场中有 1 个核心企业和 2 个中小企业，中小企业以相同的成本生产具有差异的产品。市场对这两种产品的反需求曲线为：

$$p_i = 1 - q_i - dq_j, \quad i, j = 1, 2, \quad i \neq j \tag{5-1}$$

其中，$d \in [0, 1]$ 代表产品的差异程度，产品的差异度随着 $d$ 的增大而减小，$d = 1$ 表示产品无差异。

核心企业垄断型产业集群中核心企业采取创新决策，研发出一种新产品，该产品能有效地降低中小企业的边际成本。核心企业有两种策略性行为向中小企业供应新产品：一是向中小企业提供技术许可费契约 $(r, f)$，契约由抽成比例 $r$ 和固定的技术许可费 $f$ 组成（下文简称特许费）；二是与一个企业兼并，向另一个企业提供特许费契约（简称一体化）。当中小企业获得新产品后，边际成本为 $c - \xi$（$0 < \xi < c$）。其中，$c$ 为成本，$\xi$ 为成本降低的幅度。

### （二）构建模型

中小企业接收契约的利润为 $\pi_i(r_i, f_i)$，不接受契约的利润为 $\pi_i(c, r_i)$。核心企业选择技术许可费策略性行为的利润为 $R^N$，选择纵向一体化策略性行为的利润为 $R^I$。则

$$\pi_i(r_i, f_i) = (1 - q_i - dq_j)q_i - (c - \xi)q_i - r_i q_i - f_i \tag{5-2}$$

$$\pi_i(c, r_i) = (1 - q_i - dq_j)q_i - cq_i \tag{5-3}$$

① Joel, A. and Ramon, F., "On the competitive effects of vertical integration by a research laboratory", *International Journal of Industrial Organization*, Vol. 24, No. 6, 2006, pp. 715 – 731.

② Waterson, V., "Vertical relationships: an introduction", *Journal of Industrial Economics*, No. 39, 1991, pp. 445 – 450.

$$R^N = \sum_{i=1,2} (r_i q_i(r_i) + f_i) \qquad (5-4)$$

$$R^I = \pi_1(0,r_1) + r_2 q_2(r_2) + f_2 \qquad (5-5)$$

（5-5）式中，$\pi_1(0,r_1)$ 为中小企业不接受契约时的利润。

（三）均衡解

考虑非剧烈创新和剧烈创新两种情形下的核心企业产品创新决策。剧烈创新是指核心企业用新产品生产的边际成本要小于或等于用老产品生产的边际成本[①]，反之为非剧烈创新。

核心企业垄断型产业集群中核心企业采用技术许可费策略性行为时，

$$\xi \geqslant \frac{(1-c)(4+d-d^2)}{d(2+d)}$$ 为剧烈创新；

采用一体化策略性行为时，$\xi \geqslant \dfrac{(1-c)(2-d)}{d}$ 为剧烈创新。

核心企业技术许可费策略性行为决策博弈过程由三个阶段组成：

第一阶段，核心企业向中小企业提供特许费契约。即核心企业创新后向中小企业提出使用创新产品的特许费条件，例如收取一定的抽成比例或者固定的技术特许费，中小企业可以选择。

第二阶段，中小企业决定接受还是拒绝契约。中小企业结合自身企业情况，进行选择接受还是拒绝核心企业提出的特许费契约。

第三阶段，中小企业进行非合作的数量竞争。

采用逆向归纳法进行分析。

$$C^R = \frac{2(1-c)(2-d)}{4-2dq+d^2}$$

$$C^M = \frac{(1-c)(4+d-d^2)}{d(2+d)}$$

$$C^{IM} = \frac{(1-c)(2-d)}{d} \qquad (5-6)$$

## 二 核心企业技术许可费策略性行为创新决策分析

在博弈第三阶段，根据（5-1）式和（5-2）式，可计算出古诺均衡产量与均衡利润：

---

① 王秋菲、李凯、许波：《产业结构、技术溢出与上下游厂商合作创新决策》，《东北大学学报》（自然科学版）2007 年第 5 期。

$$q_i(r_i,r_j) = \begin{cases} \dfrac{(2-d)(1+\xi-c)-2r_i+dr_j}{4-d^2} & \xi \leqslant (1-c)(4+d-d^2)/d(2+d) \\[3mm] \dfrac{(2-d)(1+\xi-c)-2r_i+dr_j}{4-d^2} & \xi \geqslant (1-c)(4+d-d^2)/d(2+d) \end{cases}$$

$$q_i(c,r_i) = \begin{cases} \dfrac{(2-d)(1+\xi-c)-2r_i+d\xi}{4-d^2} & \xi \leqslant (1-c)(4+d-d^2)/d(2+d) \\[3mm] \dfrac{1-c-r_i+\xi}{2} & \xi \geqslant (1-c)(4+d-d^2)/d(2+d) \end{cases}$$

$$q_j(c,r_j) = \begin{cases} \dfrac{(2-d)(1+\xi-c)-2\xi+dr_j}{4-d^2} & \xi \leqslant (1-c)(4+d-d^2)/d(2+d) \\[3mm] 0 & \xi \geqslant (1-c)(4+d-d^2)/d(2+d) \end{cases}$$

$$(5-7)$$

$$\pi_i(r_i,r_j) = q_i^2(r_i,r_j) \quad \pi_i(c,r_i) = q_i^2(c,r_i) \quad \pi_i(c,r_j) = q_i^2(c,r_j)$$

$$(5-8)$$

$q_i(r_i,r_j)$、$\pi_i(r_i,r_j)$ 表示 $i,j$ 两个中小企业均接受契约的均衡产量和利润；$q_i(c,r_i)$、$\pi_i(c,r_i)$ 和 $q_j(c,r_j)$、$\pi_j(c,r_j)$ 分别表示企业 $i$ 拒绝合约、企业 $j$ 接受合约时，企业 $i$、$j$ 的均衡产量和均衡利润。

博弈的第二阶段，中小企业决定是否接受特许契约。中小企业 $i$ 接受契约的条件是 $f_i \leqslant \pi_i(r_i,r_j) - \pi_i(c,r_i)$。由于 $(\partial\pi/\partial c_i\partial c_j) < 0$，因此，核心企业的均衡结果是中小企业都选择特许费契约。

博弈的第一阶段，核心企业决定最优的特许费契约 $(f,r)$。核心企业收益最大化的实现条件是向中小企业同时提供契约，最优合约的目标函数为：

$$R^N = \max_{r_1,r_2}\left[ r_1 q_1(r_1,r_2) + r_2, q_2(r_2,r_2) + f_1 + f_2 \right]$$

$$\text{s. t. } f_1 \leqslant \pi_1(r_1,r_2) - \pi_1(c,r_2)$$

$$f_2 \leqslant \pi_2(r_1,r_2) - \pi_2(c,r_2)$$

$$f_1 \geqslant 0, f_2 \geqslant 0, r_1 \geqslant 0, r_2 \geqslant 0 \qquad (5-9)$$

在非剧烈创新条件下，核心企业的最优契约如下：

当 $0 \leqslant \xi \leqslant C^R$ 时，

$$r_1^* = r_2^* = r^* = 0$$

$$f_1^* = f_2^* = f^* = \pi_1(c-\xi,c-\xi) - \pi_1(c,c-\xi) \qquad (5-10)$$

当 $C^R \leqslant \xi \leqslant C^M$ 时，

$$r_1^* = r_2^* = r^* = \frac{d[4\xi + (1-c+\xi)(d^2-2d)]}{2(4-2d^2+d^3)}$$

$$f_1^* = f_2^* = f^* = \pi_1(r^*, r^*) - \pi_1(c, r^*) \qquad (5-11)$$

在剧烈创新条件下，即 $\xi \geqslant C^M$ 时，核心企业创新决策两部分定价的最优契约为：

$$r_1^* = r_2^* = r^* = \frac{d(1 - c + \xi)}{2(1 + d)}$$

$$f_1^* = f_2^* = f^* = \pi_1(r^*, r^*) - \pi_1(c, r^*) \qquad (5-12)$$

### 三 核心企业一体化策略性行为创新决策分析

核心企业选择一体化策略性行为创新决策时，即与一个中小企业合并，向另一个中小企业提供中间产品。

博弈第三阶段，集群下游中小企业的均衡数量和利润为：

$$q_1(0, r_2) = \begin{cases} \dfrac{(2 - d)(1 - c) + \xi(2 - d) + dr_2}{4 - d^2} & 0 \leqslant \xi \leqslant C^{IM} \\[3mm] \dfrac{(2 - d)(1 - c) + \xi(2 - d) + dr_2}{4 - d^2} & C^{IM} \leqslant \xi \leqslant C \end{cases}$$

$$q_2(0, r_2) = \begin{cases} \dfrac{(2 - d)(1 - c) + \xi(2 - d) - 2r_2}{4 - d^2} & 0 \leqslant \xi \leqslant C^{IM} \\[3mm] \dfrac{(2 - d)(1 - c) + \xi(2 - d) - 2r_2}{4 - d^2} & C^{IM} \leqslant \xi \leqslant C \end{cases}$$

$$q_1(0, c) = \begin{cases} \dfrac{(2 - d)(1 - c) + 2\xi}{4 - d^2} & 0 \leqslant \xi \leqslant C^{IM} \\[3mm] \dfrac{1 - c + \xi}{2} & C^{IM} \leqslant \xi \leqslant C \end{cases}$$

$$q_2(0, c) = \begin{cases} \dfrac{(2 - d)(1 - c) - d\xi}{4 - d^2} & 0 \leqslant \xi \leqslant C^{IM} \\[3mm] 0 & C^{IM} \leqslant \xi \leqslant C \end{cases} \qquad (5-13)$$

$$\pi_1^I = (p_1 - c + \xi)q_1$$

$$\pi_2(0, r_2) = q_2^2(0, r_2)$$

$$\pi_2(0, c) = q_2^2(0, c) \qquad (5-14)$$

上游核心企业最优目标函数为：

$$R^I = \max_{r_2} \{\pi_1^I(0, r_2) + r_2 q_2(r_2, 0) + f_2\} \qquad (5-15)$$

$$\text{s.t.} \quad \begin{aligned} & f_2 \leqslant \pi_2(r_2, 0) - \pi_2(c, 0) \\ & f_2 \leqslant 0, 0 \leqslant r_2 \leqslant c \end{aligned}$$

其中，$R^I$ 表示一体化后产业集群核心企业获得的利润，$\pi_1^I = (p_1 - c + \xi)q_1$ 表示一体化后产业集群中小企业获得的利润，$\pi_2(0, r_2)$ 和 $\pi_2(0, c)$ 分别表示中小企业接受契约和不接受契约时的利润。

核心企业选择一体化策略性行为创新决策时，最优特许费用契约如下：

当 $0 \leqslant \xi \leqslant C^{IM}$ 时，

$$r_2^* = \xi$$
$$f_2^* = \pi_2(r_2^*, 0) - \pi_2(c, 0) = 0 \tag{5-16}$$

当 $C^{IM} \leqslant \xi \leqslant C$ 时，

$$r_2^* = \frac{d(2-d)^2(1-c+\xi)}{8-6d^2}$$

$$f_2^* = \pi_2(r_2^*, 0) - \pi_2(c, 0) \tag{5-17}$$

## 四　核心企业两种策略性行为创新决策比较

产业集群核心企业选择技术许可费策略性行为创新决策时，根据条件 $\frac{\partial \Pi^N}{\partial r_j} \geqslant 0, \frac{\partial \pi_i(c, r_j)}{\partial r_j} \geqslant 0$，抽成比例 $r$ 对核心企业利润具有两种相反效应，即核心企业和中小企业拒绝契约的利润随着抽成许可比例的增加而增大，核心企业制定的特许费契约必须在两种相反的作用下寻求平衡。但是这种平衡在创新产品对中小企业边际成本降低作用很明显（当 $\xi \geqslant C^M$ 时）的情况下被打破，若中小企业不选择契约，就不得不退出市场，所以核心企业可以通过提高 $r^*$ 最大限度地攫取中小企业的利润，直至中小企业的利润为 0。另一方面，在创新产品对中小企业边际成本降低作用很微弱（当 $0 \leqslant \xi \leqslant C^R$ 时）的情况下，核心企业为了激励中小企业选择契约，只能收取固定特许费。

核心企业选择一体化策略性行为创新决策时（当 $\frac{\partial R^I}{\partial r_2} \geqslant 0, \frac{\partial \pi_2}{\partial r_2} = 0$），抽成比例 $r$ 的增加仅能提高核心企业的利润，而对拒绝契约的中小企业没有任何影响，因此，核心企业有采取提高抽成许可比例的方法增加竞争对手的边际成本，实现弱化市场竞争的目的。在核心企业创新产品对中小企业边际成本降低程度不大的情况下，核心企业只需要使抽成比例 $r_2^* = \xi$，就可以攫取拒绝契约的集群中小企业因采用创新产品生产而获得全部利润（当 $\pi_2(r_2^*, 0) - \pi_2(c, 0) = 0$ 时）。在核心企业创新产品对中小企业边际成本降低程度较大的情况下，如果中小企业产品为同质（$d = 1$），抽成

比例 $r_2^* = 1 - c + \xi$，拒绝契约的中小企业均衡产量为 $q_2(0, r_2^*) = 0$，将被逐出市场。如果中小企业产品为异质（$d \neq 1$），拒绝契约的中小企业会拥有一定的市场份额，核心企业并不想失去特许费，因此，会选择适当的抽成比例 $r_2$ 将拒绝契约的企业留在市场内，采用固定费用 $f_2^*$ 以获得垄断利润。

由此得出，当创新产品对产业集群中小企业边际成本降低的影响程度较小时（当 $\xi < C^M$ 时），产业集群核心企业一体化策略性行为的创新决策利润总是优于技术许可费策略性行为的利润。若创新产品对中小企业边际成本降低的影响程度较大时（$\xi > C^{IM}$），在中小企业产品同质的情况下（$d = 1$），核心企业技术许可费策略性行为的创新利润优于一体化策略性行为的利润；在中小企业产品异质的情况下（$d \neq 1$），核心企业一体化策略性行为的创新决策利润优于技术许可费策略性行为的利润。

总之，在产业集群中，核心企业考虑基于策略行为的产品创新决策时，最优的策略性行为应该是考虑创新决策对降低成本的促进程度。如果降低程度很小，集群中核心企业不应采用一体化的策略性行为；如果降低程度很大，核心企业可以采用一体化策略性行为，但是对于抽成比例和收取固定费用有一个上限，防止核心企业将租金获取的能力延伸到集群中小企业中①。

## 第四节　无策略性行为产业集群 企业创新决策分析

在无策略情形下，结合核心企业垄断型产业集群中存在纵向关系这一结构特征，引用经济学家 Stackelberg 建立的模型，即核心企业率先作出产量选择、并拥有产量优势的序列行动博弈模型，展开主从博弈研究。

该模型假设核心企业能对其创新决策选择做出事前承诺，并在竞争对手做出选择前公开其创新决策。核心企业决定产量，其他中小企业跟随。核心企业与其他中小企业的产量反映函数为决策前提，即核心企业知道跟

---

① 陈国宏、李凯、王秋菲：《基于纵向控制框架的上游厂商新产品特许决策研究》，《东北大学学报》（自然科学版）2008 年第 8 期。

随企业一定会对其创新决策作出反应，因而当它在确定创新决策时，把跟随企业的反应也考虑进去了[①]。在分析产业集群核心企业与中小企业之间的策略行为时，结合王建宇等（2005）[②] 的研究，采用一主多从的斯坦克尔博格主从博弈模型分析方法，针对性更强。

### 一 模型假设

为研究合作创新决策过程中产业集群的资源共享情况，进行如下假设：

（1）产业集群中参与合作创新决策的企业有 $n+1$ 个，其中核心企业在产业集群创新决策中拥有更多主动性的决策能力，是创新决策制定过程中实力最强的企业，具有影响其他中小企业策略性行为的能力，中小企业对核心企业的创新决策作出反应。

（2）在基于斯坦克尔博格主从博弈的资源共享合作创新决策模型中，产业集群企业分两个阶段进行决策。

第一阶段，产业集群核心企业确定其参与水平，即参与率；

第二阶段，产业集群中小企业确定创新决策总体投入的最优值以及各自的参与率，以此作为对核心企业创新决策的反应。

### 二 构建模型

构造创新绩效函数如下：

$$P(\alpha) = \beta - \alpha^{-\gamma} \tag{5-18}$$

（5-18）式中，$P(\alpha)$ 表示产业集群企业合作创新决策绩效，$\alpha$ 表示合作企业的创新投入，$\beta$ 表示创新绩效在理论上的极大值，$\gamma$ 表示企业创新投入的准投资弹性。这里，$\beta$ 和 $\gamma$ 均为常数。可将产业集群核心企业的期望收益 $\pi_l$ 表示为：

$$\pi_l = P_l(\beta - \alpha^{-\gamma}) - \alpha t \qquad 0 \leqslant t \leqslant 1 \tag{5-19}$$

其中，$P_l$ 表示核心企业的边际收益，$\beta$、$\alpha$ 为常数；$t$ 表示核心企业的参与率。

同理，可将中小企业 $i$ 的期望收益 $\pi_{F_i}$ 表示为：

$$\pi_{F_i} = P_{F_i}(\beta - \alpha^{-\gamma}) - \alpha t_i \qquad 0 \leqslant t_i \leqslant 1 \qquad i = 1,2,\cdots,n \tag{5-20}$$

---

① Funk, P., "Entry and growth in a perfectly competitive vintage model", *Journal of Economic Theory*, Vol. 138, No. 1, 2008, pp. 211-236.

② 王建宇、樊志平：《合作知识创新中基于 Stackelberg 博弈的资源共享决策模型》，《中国管理科学》2005 年第 13 期。

其中，$P_{F_i}$ 表示中小企业 $i$ 的边际收益，$\beta$、$\alpha$ 为常数；$t_i$ 表示中小企业 $i$ 的参与率，且，

$$t + \sum_{i=1}^{n} t_i = 1 \qquad (5-21)$$

产业集群企业合作创新的整体期望收益 $\pi$ 为：

$$\pi = (P_l + \sum_{i=1}^{n} p_{F_i})(\beta - \alpha^{-\gamma}) - \alpha \qquad (5-22)$$

在核心企业给定参与率 $t$ 的情况下，所有从属中小企业之间进行古诺博弈决定总投入 $\alpha$ 以及自身参与率 $t_i$。基于此，可建立各中小企业的目标函数及相应的优化问题为：

$$\max_{\alpha, t_i} \pi_{F_i} = p_{F_i}(\beta - \alpha^{-\gamma}) - \alpha t_i \qquad 0 \leqslant t_i \leqslant 1 \qquad i = 1, 2, \cdots, n$$
$$(5-23)$$

$$\text{s. t.} \qquad t + \sum_{i=1}^{n} t_i = 1$$

构造拉格朗日函数如下：

$$L_i = P_F(\beta - \alpha^{-\gamma}) - \alpha t_i + \lambda_i(t + \sum_{i=1}^{n} t_i - 1) \qquad i = 1, 2, \cdots, n$$
$$(5-24)$$

其最优化一阶条件为：

$$\frac{\partial L_i}{\partial \alpha} = p_{F_i} \gamma \alpha^{-\gamma-1} - t_i = 0, \qquad i = 1, 2, \cdots, n \qquad (5-25)$$

$$\frac{\partial L_i}{\partial t_i} = -\alpha + \lambda_i = 0, \qquad i = 1, 2, \cdots, n \qquad (5-26)$$

$$\frac{\partial L_i}{\partial \lambda_i} = t + \sum_{i=1}^{n} t_i - 1 = 0, \qquad i = 1, 2, \cdots, n \qquad (5-27)$$

### 三　均衡解

求解（5-25）式、（5-26）式、（5-27）式可得到产业集群总体创新决策投入的最优值 $\alpha^*$ 及 $t_i^*$，分别为：

$$\alpha^* = \left[ (1-t) / (\sum_{i=1}^{n} P_{F_i} \gamma) \right]^{-1/(\gamma+1)} \qquad (5-28)$$

$$t_i^* = (1-t) P_{F_i} / (\sum_{i=1}^{n} P_{F_i}), \qquad i = 1, 2, \cdots, n \qquad (5-29)$$

由（5-28）式可以看出，不管产业集群核心企业参与率如何变化，

对于产业集群合作创新投入的最优值来说总有

$$\frac{\partial \alpha^*}{\partial t} = \frac{1}{(\gamma + 1)(\sum_{i=1}^{n} P_{F_i} \gamma)} (\frac{1 - t}{\sum_{i=1}^{n} P_{F_i} \gamma})^{-(\gamma+2)/(\gamma+1)} > 0 \qquad (5-30)$$

即产业集群合作的总体最优创新决策投入是核心企业参与率的增函数。基于从属中小企业的反应，核心企业优化 $t$ 以最大化自身收益。为此，可求解下面的核心企业期望收益最大化问题：

$$\max_t \pi_l = p_l(\beta - (\alpha^*)^{-\gamma}) - \alpha^* t, 0 \leqslant t \leqslant 1 \qquad (5-31)$$

把（5-28）式确定的 $\alpha^*$ 代入（5-31）式，可得出如下最大化问题：

$$\max_t \pi_l = p_l\{\beta - ([(1 - t)/(\sum_{i=1}^{n} P_{F_i} \gamma)]^{-1/(\gamma+1)})^{-\gamma}\} - [(1 - t)/(\sum_{i=1}^{n} P_{F_i} \gamma)]^{-1/(\gamma+1)} t \qquad 0 \leqslant t \leqslant 1 \qquad (5-32)$$

通过求解关于 $t$ 的最大化问题，得到核心企业的最优参与率均衡值 $t^*$。

该斯坦克尔博格主从博弈的均衡值如下：

$$t^* = \begin{cases} \dfrac{\sum_{i=1}^{n} p_{F_i}(\gamma + 1) - p_l}{\sum_{i=1}^{n} p_{F_i}}, & 当 \dfrac{p_l}{\sum_{i=1}^{n} p_{F_i}} > \gamma + 1 \\ 0, 其他 \end{cases}$$

$$t^* = \begin{cases} \dfrac{-P_{Fi}}{\sum_{i=1}^{n} P_{F_i} \gamma - P_L}, & 当 \dfrac{p_l}{\sum_{i=1}^{n} p_{F_i}} > \gamma + 1 \\ 0, 其他 \end{cases} \qquad (5-33)$$

$$\alpha^* = [\gamma(P_L - \sum_{i=1}^{n} P_{F_i} \gamma)]^{-1/(\gamma+1)}$$

$$\pi^* = (p_l + \sum_{i=1}^{n} p_{F_i})\{\beta - [\gamma(p_L - \sum_{i=1}^{n} P_{F_i} \gamma)]^{-1/(\gamma+1)}\} - [\gamma(P_L - \sum_{i=1}^{n} P_{F_i} \gamma)]^{1/(\gamma+1)} \qquad (5-34)$$

结论是产业集群核心企业的参与率与所有从属中小企业的边际收益之和负相关，与核心企业的边际收益正相关。当核心企业参与率 $t$ 增加时，从属中小企业的边际收益之和 $\sum\limits_{i=1}^{n} P_{F_i}$ 减小，而核心企业的边际收益 $P_L$ 增加。

因此，在产业集群创新决策合作中，核心企业参与越多，获得的收益越大。

从属中小企业更愿意参与合作，而不是独自从事创新。由（5-20）式可知，对于从属中小企业来说，参与合作总比自己单干要好。如果要达到同样的创新绩效 $p(\alpha)$，合作时中小企业仅仅需要分担部分投入即 $\alpha t_i$，单独创新则承担全部的投入 $\alpha$，显然合作时的收益更高。

## 第五节　企业创新决策的策略性行为作用分析

在核心企业采取策略性行为情况下，核心企业的创新决策对中小企业边际成本降低的程度较小，核心企业一体化策略性行为利润总是优于技术许可费策略性行为利润。

而创新决策对中小企业边际成本降低的程度较大时，在中小企业产品同质的情况下，核心企业技术许可费策略性行为的利润优于一体化策略性行为利润；在中小企业产品异质情况下，核心企业一体化策略性行为利润优于技术许可费策略性行为利润。

在无策略性行为情形下，核心企业垄断型产业集群企业创新中，核心企业的参与率与所有从属中小企业的边际收益之和负相关，与核心企业的边际收益正相关。当核心企业的参与率 $t$ 增加时，从属中小企业的边际收益之和 $\sum\limits_{i=1}^{n} P_{F_i}$ 减小，而核心企业的边际收益 $P_L$ 增加。因此，产业集群企业创新决策的合作中，核心企业参与的越多，获得的收益越大。

总之，核心企业为了牢固树立自己的垄断地位，必定会采取适当的创新决策。在策略性行为下，核心企业能够运用更加适宜的策略性行为，有针对性地实现自身利益最大化。无策略性行为时，核心企业创新决策的参与率与其收益成正比。

# 第六节　本章小结

首先，本章对核心企业垄断型产业集群进行了描述，归纳了核心企业垄断型产业集群特征、创新特性和策略性行为下的创新特征。通常核心企业在其所控制的产品价值链节点是完全垄断的市场结构；核心企业完全决定着整个产业集群的发展方向和绩效，而大量中小企业处于附属地位，二者是依赖和被依赖的关系。在策略性行为下，核心企业为了获取更大利润，会主动采取一些创新决策，来获得垄断利润。竞争企业之间的地位并不是对称的，通常中小企业先观察到核心企业的行为，再决定自己的对策。

其次，在纵向控制的框架内，研究了核心企业垄断型产业集群中核心企业采取策略性行为创新决策的问题。从产品创新程度角度，探讨了产业集群中核心企业的创新决策对中小企业的影响。产品创新对中小企业边际成本降低的程度较小时，核心企业一体化策略性行为的利润总是优于技术许可费策略性行为的利润。而创新产品对中小企业边际成本降低的程度较大时，在中小企业产品同质的情况下，核心企业技术许可费策略性行为的利润优于一体化策略性行为利润；在中小企业产品异质情况下，核心企业一体化策略性行为的利润优于技术许可费策略性行为的利润。

再次，对核心企业垄断型产业集群无策略性行为创新做比较。采用博弈论方法，把合作创新看做是一个垄断企业和多个从属企业的斯坦克尔格主从博弈，并建立了决策模型。核心企业作为主方给出最优参与率策略，中小企业作为从方以总体投入和参与率策略响应，求出了创新投入的均衡值、核心企业的参与率、各跟随企业的参与率以及产业集群创新的总体期望收益。

最后，对核心企业垄断型产业集群有无策略性行为创新决策做了分析，核心企业能够运用适宜的策略性行为，有针对性地进行产品创新决策，实现自身利益的最大化。分析认为，核心企业为了牢固树立自己的垄断地位，必定会采取适当的策略性行为来进行创新决策。

# 第六章 "龙头 + 网络"型产业集群企业创新决策模型研究

本章对"龙头 + 网络"型产业集群特征和创新特性加以描述。龙头企业为获取更大的利润,会主动采取一些策略性行为进行创新决策。运用主导价格利润分配模型研究该类型产业集群中龙头企业与中小企业合作创新过程中,如何采取利润分成方法,增加龙头企业利润,以激励龙头企业创新决策的动力,形成更有利的新均衡。

## 第一节 "龙头 + 网络"型产业集群描述

### 一 "龙头 + 网络"型产业集群特征

"龙头 + 网络"型产业集群通常指由少数几家(而非一家)企业为龙头,控制了产业集群产品价值链某个或几个重要节点,且规模经济非常显著,龙头企业影响着整个产业集群的绩效和发展方向。

龙头企业是指那些在产业集群中规模比较大的少数企业,其在产品设计、工艺开发和市场营销等方面和其他企业相比有着很大的优势。这些龙头企业一般只从事少量的生产或根本不从事生产,把生产任务外包给产业集群内的其他企业,而自己只负责原材料供应、产品样式和工艺的提供及市场营销,从而在龙头企业周围形成了一个完善的经营网络。

龙头企业同传统的纵向一体化企业有很大区别,在纵向一体化企业中不同企业之间通过产权紧密地联系在一起,但在龙头企业网络里,合作常常不是以产权为基础,龙头企业可以不要以前的合作对象,合作对象也可以选择另外的企业,它们之间的网络相对于以产权形成的网络来说是非常松散的。而且通常在一个产业集群内有好几个龙头企业存在,使得相互之间的选择变得完全可行，从而保证了产业集群内企业的竞争活力①。

在该类产业集群中，竞争企业之间的地位并不是对称的，龙头企业之间类似于寡头垄断的市场结构；中小企业之间是相互竞争与合作的网络型关系；龙头企业与中小企业之间是上下游的合作关系，中小企业对龙头企业有较强的依赖关系；有较明显的等级制度②。

国内典型的该类型产业集群如青岛家电产业集群，依靠海尔、海信、澳柯玛这三大核心企业的迅速发展，青岛快速发展成为中国最大的家电制造基地和全国乃至世界家电产业最具有吸引力的配套市场，有近千家中小型配套企业在该产业集群落户或建立。

国外如美国通用、福特、克莱斯勒三大集团的总部位于底特律市，形成底特律汽车工业的核心部分，与汽车制造业有关的钢材、仪表、塑料、玻璃以及轮胎、发动机等零部件的生产在底特律及其附近地区高度密集，形成了世界著名的底特律汽车产业集群。

## 二 "龙头 + 网络" 型产业集群企业创新特性

龙头企业之间的激烈竞争促使他们不断改进新产品、引进新工艺以及进行高层次的具有战略性的创新活动③。大多数龙头企业一般是集中力量进行技术开发和市场营销创新。

"龙头 + 网络" 型产业集群合作创新是制度化的、长期的。龙头企业对合作创新企业有非常大的约束力，如对其生产的产品、工艺都有一定限制。有时还会限制合作期内其与其他企业的合作，如龙头企业一般会禁止其合作创新的科研机构与其他企业合作开发相竞争的或类似的产品。

龙头企业除了在规模和技术能力方面有显著优势之外，在产业集群网络中还具备可以共享的商业理念、领导伙伴的发展、倡导企业间彼此信任与互利的文化、选择和吸引优秀伙伴的能力。由于龙头企业和其他企业是一个利益共同体，龙头企业愿意把各种知识与其他企业共享，其他企业也愿意把各种知识同龙头企业共享，这样就使所扩散的知识深度大大增强，特别是那些对创新决策起着非常重要作用的缄默性知识也会很好地在网络

① 许庆瑞、毛凯军：《论企业集群中的龙头企业网络和创新》，《研究与发展管理》2003 年第 4 期。

② 张杰：《我国地方产业集群的升级路径：基于组织分工架构的一个初步分析》，《中国工业经济》2006 年第 5 期。

③ 张钢：《企业组织网络化发展》，浙江大学出版社 2005 年版。

内扩散①。

龙头企业与产业集群内相关组织保持着良好关系，涉及产业链不同环节的大量交易活动，从而形成产业集群外组织的弱关系和产业集群内组织的强关系，因此龙头企业主导的网络在知识转移、扩散、创新等方面较产业集群外企业更有优势，降低了网络内部个体知识的不确定性和模糊性。

**三 策略性行为下的"龙头 + 网络"型产业集群企业创新特征**

在"龙头 + 网络"型产业集群环境下，企业之间的博弈分为围绕龙头企业生存的大量中小企业之间的博弈、龙头企业之间的博弈和龙头企业与中小企业之间的博弈。处于产品价值链同一节点的大量中小企业之间的博弈均衡与中小企业群生型产业集群中企业的创新决策博弈均衡一样。

在"龙头 + 网络"型产业集群中，龙头企业的数量大于一但很少，它们所面对的市场是寡头垄断市场。由于龙头企业在产业集群中的地位，围绕它们生存的大量中小型企业是从属它们的，龙头企业采用先进技术、新的产品标准，中小企业只有无条件适应，否则就没法生存。所以，在"龙头 + 网络"型产业集群中，整个产业集群的创新活力取决于龙头企业之间的行为。

龙头企业的创新活力决定了该种产业集群的创新动力，进而决定产业集群的持续发展能力。龙头企业的创新决策可以使该企业获得比其他企业更有利的竞争地位。该种类型的产业集群中，创新决策是否会发生，创新决策的动力如何，可以通过分析产业集群龙头企业的策略性行为来获得②。

# 第二节 "龙头 + 网络"型产业集群的寡头垄断

**一 寡头垄断企业描述**

在该类产业集群中寡头垄断企业占据绝大部分市场份额，最基本的因素是产业集群所在行业存在较明显的规模经济性。如果这类产业集群要容纳大量企业，则每家企业都将因生产规模过小而造成很高的平均成本。规

---

① 许庆瑞、毛凯军：《论企业集群中的龙头企业网络和创新》，《研究与发展管理》2003 年第 4 期。

② 张杰：《我国地方产业集群的升级路径：基于组织分工架构的一个初步分析》，《中国工业经济》2006 年第 5 期。

模经济性使得大规模生产占有强大的优势，大企业不断壮大，小企业无法生存，最终形成产业集群中少数企业激烈竞争的局面。对试图进入这类产业集群的企业来说，除非一开始就形成较大的生产规模，并能占据比较可观的市场份额，否则过高的平均成本将使其无法与产业集群中原有的企业匹敌。

由于寡头垄断企业之间存在很强的相互依存性，使其在经营上有着与其他类型企业不同的重要特点，即寡头垄断企业的某项决策会产生什么结果完全取决于其对手的反应。因此，寡头垄断企业的竞争结果具有很大的不确定性。对实践中的企业来说，这种不确定性使其决策难度相应提高。而博弈论正是应用传统决定论中的"最小最大"准则，即博弈的每一方都假设对方所有策略性行为的根本目的是使自己最大限度地获利，并据此最优化自己的对策，从而达到决策的理性和科学性。

鲍莫尔（Baumol, 2004）[①] 认为，只有在少数大型企业支配某一特定市场的寡头垄断，才能在企业间形成激烈的创新竞赛。如欧美的汽车产业一直呈现寡头垄断的格局，但竞争却十分激烈。对高科技寡头垄断企业而言，一旦创新落后就容易被淘汰出局。寡头垄断企业通常将创新看成是除价格之外的又一项重要的竞争武器。在自由市场经济中，竞争压力驱使寡头企业将创新过程系统化、常规化（有规律地将研发费用编入预算），从而使创新不确定性最小化。同时，他认为鼓励创造性革新的最佳产业结构是寡头垄断，寡头垄断本质上是一种有效竞争机制。因此，寡头垄断企业之间的创新竞争是推动经济增长、提高生活水准的主要动力。

### 二　寡头垄断市场的特征

寡头垄断竞争市场是一个既不同于完全竞争，又不同于完全垄断的市场。

#### （一）企业多且各自产品有差别

这个特征使得在寡头垄断竞争市场上，企业对商品价格具有一定影响力，但是由于其产品的差别性和一定程度上的替代性，因而企业将商品价格提高一点自然会减少一些顾客，但不会失去全部顾客。企业将商品价格降低一点，虽然会增加一些顾客，但不至于把其他企业的顾客都吸引过

---

① W. Baumol：《资本主义的增长奇迹——自由市场创新机器》，中信出版社 2004 年版，第 89 页。

来。它的需求曲线不会像完全竞争市场那样是一条水平线，而是一条从左上向右下的斜线。与完全垄断厂商相比，寡头垄断竞争企业对商品价格的影响力要小得多，因为他们生产的是近似的、一定程度上可相互替代的产品。

（二）企业之间相互依存

这种相互依存关系是被明确认识到的。由于寡头垄断中占统治地位的大企业很少，其中每一个寡头企业都占有举足轻重的地位，因此它们相互之间对对方的行动都很敏感，具有很高的相互依赖性。只有在相互竞争的寡头企业的市场份额保持稳定的情况下，寡头垄断市场才能达到均衡。

在寡头垄断市场中，某一家企业降低价格或扩大销售量，其他企业都会受到显著影响，从而做出相应的对策。这就使得任何一家企业做出某项决策的时候，都必须考虑其竞争对手的反应，并对这种反应做出估计①。所以，每个寡头垄断企业在决定自己的策略时，都非常重视对手对自己这一策略的态度和反应。寡头垄断者是独立自主的经营单位，具有独立的特点，但是，他们的行为又互相影响、互相依存。这样，寡头垄断企业可以通过各种方式达成共谋或协作，形式多种多样，可以签订协议，也可以暗中达成默契。

三 寡头垄断市场理论和模型

对于寡头垄断企业在市场中的行为，已有不少的理论和模型。寡头垄断理论复杂一些，具体表现为：种类多，有少数纯质寡头垄断，双头纯粹寡头垄断，双头异质寡头垄断等；行为多样，寡头相互依存，可能是相互猜测的独立行为，也可能是各种不同方式，不同程度的勾结和协作；竞争方式不同，可能是价格竞争也可能是非价格竞争。

## 第三节 基于策略性行为的"龙头+网络"型产业集群企业创新决策模型

产业集群中的寡头垄断（龙头）企业处于核心地位，与中小企业之

---

① Jaimovich, N., "Firm dynamics and markup variations: implications for sunspot equilibrium and endogenous economic fluctuations", *Journal of Economic Theory*, Vol. 137, No. 1, 2007, pp. 300 – 325.

间是上下游的合作关系，中小企业对龙头企业有较强的依赖性。为此在创新决策中，更多的主动权掌握在寡头垄断（龙头）企业手中。

寡头垄断（龙头）企业的主动策略性行为会使既定市场和需求条件发生变化，可以打破被动行为下的均衡，进而形成更有利的新均衡。

对于寡头垄断（龙头）企业之间的策略性行为创新，与第四章的中小企业之间的多维博弈类似，每个寡头垄断（龙头）企业都有许多策略性行为可以选择，它们之间形成了多维博弈，理论和模型与中小企业之间的博弈相近。因此，本部分研究的重点是寡头垄断（龙头）企业与中小企业之间基于策略性行为的创新决策博弈。

本书主要运用主导价格利润分配模型，研究产业集群中寡头垄断（龙头）企业采取策略性行为——主动与中小企业合作创新，增加对产业集群创新决策利润分成的获取，激励产业集群龙头企业创新决策的动力，即通过龙头企业的带动和中小企业的支撑，形成更有利的新均衡。

## 一　寡头垄断企业主导价格利润分配模型

（一）模型假设

由于龙头企业与中小企业之间是上下游的合作关系，本部分围绕该类产业集群中龙头企业与中小企业的上下游利润分配关系开展研究。在上下游的合作关系中，龙头企业处于主导地位，主导价格。中小企业在龙头企业决策后制定价格。

在王利、陆继等（2007）[①]等研究的基础上，将主导价格利润分配模型引入该类产业集群企业创新决策的研究。原模型是用来分析零售商与制造商分别占主导地位时，厂商供应链的利润分配方式。本研究运用该模型来分析产业集群中，占主导地位的龙头企业运用策略性行为与中小企业进行创新决策的研究，并将 $\lambda$ 设定为合作创新决策系数。

（二）构建模型

在产业集群中，龙头企业将创新决策产品价格分成两部分，一是龙头企业的垄断价格 $p_1$，二是中小企业在垄断价格基础上加价 $p_2$。将一般性的商品需求函数表达式 $Q = a - bp$ 变形为：

$$Q = a - b(p_1 + p_2) \tag{6-1}$$

（6-1）式中，$p_1$ 为龙头企业的垄断价格，也是龙头企业的决策变量；

---

①　王利、陆继等：《主从式二级供应链利润分配博弈分析》，《统计与决策》2007 年第 2 期。

$p_2$ 为中小企业在龙头企业垄断价格上的加价，是中小企业的决策变量；$Q$ 为商品需求量；$a$ 和 $b$ 为常数，$a$ 为横轴截距，$b$ 为纵轴截距。

在该类型产业集群中，寡头垄断（龙头）企业主导价格，由此构建合作创新决策时寡头垄断企业的利润函数表达式：

$$\pi_1 = (p_1 - c_1)Q + \lambda(p_2 - c_2)Q \qquad (6-2)$$

中小企业的利润函数表达式：

$$\pi_2 = (1 - \lambda)(p_2 - c_2)Q \qquad (6-3)$$

整个产业集群创新决策的利润函数表达式：

$$\pi = \pi_1 + \pi_2 = (p_1 + p_2 - c_1 - c_2)Q \qquad (6-4)$$

模型中各变量分别为：

$p_1$ 为寡头垄断（龙头）企业的垄断价格，是寡头垄断（龙头）企业的决策变量；

$p_2$ 为中小企业在寡头垄断价格上加价，是中小企业的决策变量；

$Q$ 为商品需求量；

$c_1$ 为寡头垄断（龙头）企业创新产品的成本；

$c_2$ 为中小企业创新产品的成本；

$\lambda$ 为合作创新决策系数；

$\pi_1$ 为寡头垄断（龙头）企业的利润函数；

$\pi_2$ 为中小企业的利润函数；

$\pi$ 为寡头垄断（龙头）企业和中小企业创新决策利润总和，即整个产业集群创新的利润。

（三）均衡解

根据斯坦克尔博格博弈思想，产业集群中龙头企业和中小企业通过价格调整达到均衡。在寡头垄断产业集群中，寡头垄断（龙头）企业是价格的领导者和先行者，中小企业是价格的跟随者。寡头垄断（龙头）企业在制定价格时要考虑中小企业在 $p_1$ 基础上可能增加的价格 $p_2$ 及其可能的反应。

由斯坦克尔博格博弈思想，假定 $p_1$ 既定，中小企业要实现创新决策利润最大化，在 $p_1$ 基础上增加的价格 $p_2$ 必须满足利润最大化的一阶导数条件如下：

$$\frac{\partial \pi_2}{\partial p_2} = 0$$

可得：

$$p_1 = \frac{(1 - \lambda)a - (1 - \lambda)bc_2 + bc_1}{(2 - \lambda)b} \qquad (6-5)$$

$$p_2 = \frac{a + bc_2 - bp_1}{2b} = \frac{a + (3 - 2\lambda)bc_2 - bc_1}{2b(2 - \lambda)} \qquad (6-6)$$

产业集群创新产品需求函数表达式：

$$Q = \frac{a - bc_1 - bc_2}{2(2 - \lambda)} \qquad (6-7)$$

寡头垄断（龙头）企业创新决策的利润函数表达式：

$$\pi_1 = \frac{(a - bc_1 - bc_2)^2}{4b(2 - \lambda)} \qquad (6-8)$$

中小企业创新决策的利润函数表达式：

$$\pi_2 = \frac{(1 - \lambda)(a - bc_1 - bc_2)^2}{4b(2 - \lambda)^2} \qquad (6-9)$$

整个产业集群创新决策的利润函数表达式：

$$\pi = \frac{(3 - 2\lambda)(a - bc_1 - bc_2)^2}{2b(2 - \lambda)^2} \qquad (6-10)$$

## 二　主导价格利润分配模型分析

（一）$\lambda$ 对寡头垄断（龙头）企业的影响

当 $\lambda = 0$，即龙头企业选择的策略性行为不与中小企业合作创新决策时，

$$\pi_1^1 = \frac{(a - bc_1 - bc_2)^2}{8b} \qquad (6-11)$$

当 $\lambda = 1$，即龙头企业完全采取与中小企业合作创新的策略性行为时，

$$\pi_1^2 = \frac{(a - bc_1 - bc_2)^2}{4b} \qquad (6-12)$$

且 $\pi_1^2 > \pi_1^1$，由 $\pi_1 = \frac{(a - bc_1 - bc_2)^2}{4b(2 - \lambda)}$，在 $\lambda \in [0, 1]$ 时，寡头垄断（龙头）企业创新决策的利润函数 $\pi_1$ 在 $\lambda \in [0, 1]$ 的区间内是单调上升的，这意味着随着合作创新关系系数 $\lambda$ 的不断增大，寡头垄断（龙

头）企业与中小企业合作创新的利润分成也将不断增加，龙头企业的创新动力必将增强。

（二）$\lambda$ 对中小企业创新决策的影响

由于中小企业的合作创新系数为 $1-\lambda$，当 $\lambda=0$，即完全采取与寡头垄断企业合作的策略性行为进行创新决策时，

$$\pi_2^1 = \frac{(a-bc_1-bc_2)^2}{16b} \tag{6-13}$$

当 $\lambda=1$，即不与寡头垄断企业合作创新时，
$$\pi_2^2 = 0 \tag{6-14}$$

且 $\pi_2^1 > \pi_2^2$，由 $\pi_2 = \frac{(1-\lambda)(a-bc_1-bc_2)^2}{4b(2-\lambda)^2}$，在 $\lambda \in [0,1]$ 时，中小企业创新决策的利润函数 $\pi_1$ 在 $\lambda \in [0,1]$ 的区间内是单调递减的，这意味着随着龙头企业选择主动合作创新策略性行为，产业集群中小企业创新决策的利润分成也将不断减少，中小企业的合作创新动力必将减少。

（三）$\lambda$ 对整个产业集群利润的影响

当 $\lambda=0$ 时，
$$\pi = \frac{3(a-bc_1-bc_2)^2}{8b} \tag{6-15}$$

当 $\lambda=1$ 时，
$$\pi = \frac{(a-bc_1-bc_2)^2}{2b} \tag{6-16}$$

在 $\lambda \in [0,1]$ 时，整个产业集群创新决策的利润函数在 $\lambda \in [0,1]$ 的区间内是单调上升的，即随着合作关系系数的不断增大，整个产业集群创新决策利润也将随之增加。

（四）中小企业参与的条件

该类产业集群中，中小企业是处于被动的地位，随着寡头（龙头）企业选择主动合作创新的策略性行为，中小企业的利润逐渐下降。如果中小企业不参与合作，会逐渐退出集群。但这并不意味着中小企业只能选择最终没有利润。中小企业需要发展，需要参与到产业集群创新决策中来，为此，中小企业需要在适当条件下，参与和寡头（龙头）企业合作创新决策。

当 $\pi_2 > \pi_{20}$ 时，其中，$\pi_{20}$ 为中小企业在参与合作创新过程中保持在一定水平之上的利润。比如，当获取的创新利润在双重加价获取水平之上的情况下，中小企业都可以选择合作创新策略性行为，参与到产业集群企业创新决策的利润"分割"中。这样，一方面会提高中小企业参与的积极性，另一方面提高寡头（龙头）企业及整个产业集群的利润。

（五）结论分析

对于该类型的产业集群，寡头（龙头）企业选择主动与中小企业合作创新的策略，在适当的条件下是可行的。根据斯坦克尔博格博弈思想，占主导地位的寡头垄断企业选择主动与中小企业合作创新的策略性行为，在博弈以后总能得到更多的利润，并且随着合作创新决策系数 $\lambda$ 的增大，占主导地位的寡头垄断（龙头）企业的利润分成也将增大，产业集群总利润也是增大的，且当 $\lambda = 1$ 时，产业集群利润最大，这必将极大激励寡头垄断（龙头）企业的创新动力。同时，产业集群中中小企业的利润分成会逐渐减少。但是当中小企业的利润维持在一定水平之上的时候，或者当 $\lambda$ 选择在适当的变化范围之内时，中小企业选择与寡头垄断（龙头）企业的合作创新决策是可以选择的。

### 三　寡头垄断企业主导价格的利润分配模型仿真模拟

在前面讨论的寡头垄断企业主导价格的利润分配模型基础上，赋予模型的相关策略因素不同的数值，开展模拟研究（具体仿真模拟程序和运算见书末附录二）。

（一）模拟工具选择

本书使用矩阵实验室软件 Matlab（Matrix Laboratory）实现模型。在 Matlab 环境中，依据常识和基本原则，可以对模型中的一些变量预先设置一些约束条件加到建好的模型中，模拟现有模型在运行时对数据的拟合情况，就可以判断模型的合理性和真实性，并通过调整结构和参数，使模型更趋合理。

（二）影响策略因素赋予系数

$a = 1000$

$b = 10$

为基本线性需求函数的系数。

$c_1 = 3$

$c_2 = 5$

分别是寡头（龙头）企业和中小企业的创新产品成本。

（三）产业集群中创新决策为不同企业带来的收益变化趋势

将影响因素赋予不同系数，可以描述出产业集群中寡头垄断（龙头）企业、中小企业和整个产业集群的收益变化趋势，见图 6 - 1。

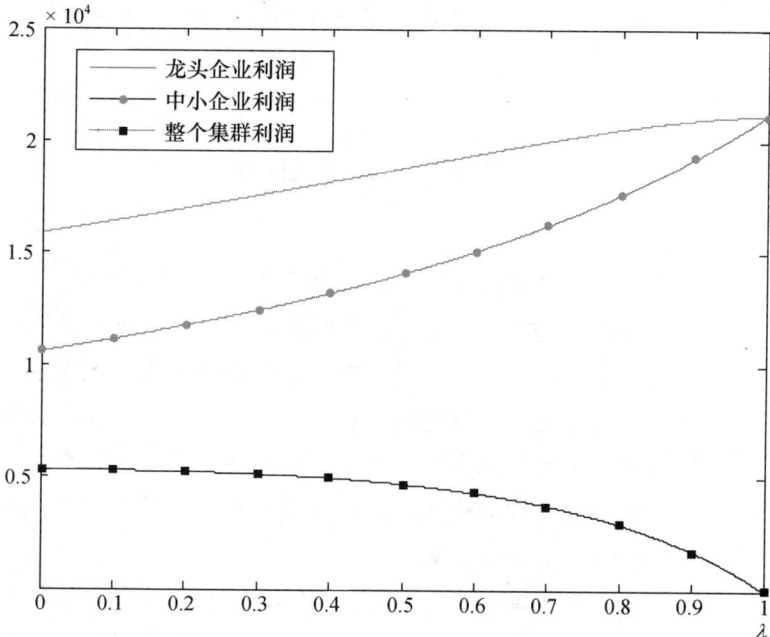

图 6 - 1 产业集群企业收益变化趋势

图 6 - 1 表明产业集群中寡头垄断（龙头）企业采取主动与中小企业合作创新的策略性行为时，随着合作创新系数 $\lambda$ 不断增大，寡头垄断（龙头）企业的利润也在逐渐递增，当 $\lambda = 1$ 时，利润分成达到最大值。同时，对于中小企业，合作系数为 $1 - \lambda$，随着 $\lambda$ 的逐渐增加，利润逐渐下降，当 $\lambda = 1$ 时，利润为 0。产业集群的整个利润随着合作创新决策系数 $\lambda$ 的递增而递增，在 $\lambda = 1$ 时，取得最大值。

仿真模拟的结果和理论模型推导出的结论一致，即占主导地位的寡头垄断企业选择主动与中小企业合作创新的策略性行为，在博弈以后总能得到更多的利润，产业集群也获得更多的利润。同时，模拟的结果也进一步证实了"龙头 + 网络"型产业集群在策略性行为下，产业集群的龙头企业在创新决策中发挥主导作用，龙头企业为了获取更大的利润，会主动采取一些策略性行为进行创新决策，结果是不但寡头（龙头）企业本身获利，也带动了整个产业集群的利润增加。

同时，从图6－1可以看到，中小企业的利润虽然随着合作的增加逐渐递减，但是，当 λ 在0—0.6之间变化时，中小企业的利润递减是缓慢的，是完全可以参与和寡头（龙头）企业合作创新的，与模型推导的结论一致。

# 第四节　本章小结

首先，描述了"龙头＋网络"型产业集群特征和创新特性。"龙头＋网络"型产业集群通常是指由少数几家（而非一家）企业为龙头，控制了产业集群产品价值链某个或几个重要节点。龙头企业规模经济显著，影响着整个产业集群的绩效和发展方向。在策略性行为下，该类产业集群的龙头企业在创新决策中发挥横向支撑作用，以自主创新或原创为主，在核心技术研发中发挥创新和导向作用；寡头垄断企业为了获取更大利润，会主动采取一些策略性行为创新决策。

其次，对"龙头＋网络"型产业集群中寡头垄断做了描述，寡头垄断企业最突出的特点是：企业之间存在着很强的相互依存性或激烈对抗的竞争。在寡头垄断企业中，这种相互依存关系是被明确认识到的，某一家企业降低价格或扩大销售量，其他企业都会受到显著影响，从而采取相应的对策。

再次，运用主导价格的利润分配模型，研究该类产业集群中的寡头垄断（龙头）企业，采取主动与中小企业合作创新的策略性行为，形成更有利的新均衡。根据斯坦克尔博格博弈思想，占主导地位的寡头垄断企业选择与中小企业合作，在博弈以后总能得到更多的利润，并且随着合作系数的增大，占主导地位的寡头垄断企业的利润也将增大，产业集群总利润也是增大的，这必将激励寡头垄断（龙头）企业创新的动力。同时，中小企业在合作系数一定的水平之上时，可以选择与寡头（龙头）企业合作的。

最后，运用 Matlap 软件对模型进行了模拟分析，结果证明了模型的推论。

# 第七章  长春汽车产业集群案例分析

## 第一节  长春汽车产业集群基本情况

长春是中国第一家也是中国最大的汽车生产企业——一汽集团所在地。1953 年，毛泽东亲笔题名的第一汽车制造厂在吉林省长春市正式动工兴建。1956 年，建成并投产，中国第一辆解放牌卡车在一汽下线。1958 年，制造出新中国第一辆东风牌小轿车和第一辆红旗牌高级轿车。一汽的建成，开创了中国汽车工业新的历史。经过五十多年的发展，一汽已经成为国内最大的汽车企业集团之一。长春市汽车产业集群形成了以第一汽车集团公司（以下简称一汽集团）为核心，集整车、各类专用车和汽车零部件研发、生产、贸易为一体，中重型卡车、中高级轿车、轻型车和微型车等系列车型发展的较为齐全的汽车工业体系。一汽集团的产值在整个长春汽车产业的产值中占有很大比重。

### 一  核心企业

一汽现有职能部门 18 个，全资子公司 28 个、控股子公司 18 个。其中上市公司 4 个，分别是一汽轿车股份有限公司、长春一汽富维汽车股份有限公司、天津一汽夏利汽车股份有限公司、一汽启明信息技术股份有限公司。一汽解放、富奥零部件等全资子公司，一汽大众、一汽丰田等合资企业。主营业务板块按领域划分为：研发、乘用车、商用车、毛坯零部件、辅助和衍生经济六大体系。一汽产销量连续多年居中国汽车行业之首，2004 年，企业年销量率先突破 100 万辆，树起了中国汽车工业发展史上的里程碑。2007 年，一汽实现销售 143.6 万辆，实现销售收入 1885 亿元，列世界 500 强第 303 位，中国企业 500 强第 14 位；世界机械 500 强第 49 位，中国机械工业 500 强第 1 位；中国制造业企业 500 强第 2 位和 2007 年度"最具影响力企业"第 2 位。"中国一汽"以 605.78 亿元的品牌价值位列国内汽车行业第一。现有员工 13.2 万人，资产总额 1340亿元。

### 二 中小企业

众多生产汽车零部件的中小企业为一汽集团提供配套生产和服务。目前，长春市拥有汽车及零部件制造企业近 330 家，其中零部件企业 310家，规模以上零部件企业 200 多家，约占零部件企业总数的 71.6%。吉林省零部件行业基本具备一级模块生产能力的企业有 8 户，19 种产品；二级模块生产能力的企业 15 户，18 种产品；三级模块生产能力的企业 11户，47 种产品。其中，汽车电线束、车灯、消音器、保险杠、制动器、离合器、滤清器、座椅骨架、精锻连杆、等角速万向节、汽车音响系统、仪表板总成等零部件产品在国内已形成明显优势①。基本形成了以一汽集团为核心企业的垄断型产业集群，它的发展带动了长春整个汽车产业集群的发展。

## 第二节　长春汽车产业集群创新特征与效应分析

### 一　集聚效应显著

长春汽车产业集群形成以一汽集团及下属整车企业为核心，多层级、点状集中分布的空间结构布局，具有集聚效应明显，核心企业贡献突出，良好的基础设施条件，产业链完整等特点。长春汽车产业集群本质上是一个产业链的上下游环节以互信和契约为基础形成的网络组织。

从产业本身角度看，形成这种类型的产业集群，说明核心企业——一汽集团所控制的几个产品价值链节点之间存在生产工艺的不可分性或构建企业需要巨额投资的特性。中小企业技术与创新能力的成长缓慢，普遍缺乏配套创新能力，它们只能承接供应一些简单且技术含量不高的零部件生产，核心企业控制着核心技术。

---

① W. Baumol：《资本主义的增长奇迹——自由市场创新机器》，中信出版社 2004 年版，第90 页。

现代经济理论认为，产业集聚是地方获得竞争优势的源泉。产业在地理上的集聚，能够对产业的竞争优势产生广泛而积极的影响。随着长春汽车产业积聚程度加深，已经使得吉林汽车产业获得这种优势，这种地方竞争优势会更加显现。

## 二 核心企业明确

一汽集团是整个产业集群的中心，在产业集群中起决定性作用，决定着整个产业集群的发展方向和绩效。一汽集团在整个汽车产业集群中控制的产品价值链主要节点是完全垄断的市场结构；一汽集团企业的规模大，实力强，控制着整个产业集群的发展方向。其他中小企业处在一汽集团的外围，核心企业与外围中小企业之间存在着密切的合作和联系，一汽集团常常控制着资金、技术和商业服务等。该产业集群的创新能力完全控制在一汽集团的手中，核心企业的创新能力和动力实际上就是产业集群的创新能力和动力。同时，核心企业作为整个产业集群的"发动机"，它的兴衰关乎着整个产业集群的兴衰。产业集群中具有很大控制力量的核心企业需要通过创新决策，推动整个产业集群不断向前发展，提高整个产业集群的竞争力。

## 三 中小企业集聚

大量的中小企业处于附属地位，围绕一汽集团安排生产，为一汽集团提供配套生产和服务。大量中小企业与一汽集团是上下游的合作关系，是依赖和被依赖的关系。从产业组织理论中的企业规模角度出发，中小企业规模小，体制灵活，更容易迅速决策，创新后收益率高，企业创新动力高；同时中小企业由于规模小，科研人员、资金等创新资源明显不足，抗风险能力差；而核心企业在创新资源上有明显优势。

一汽集团与中小企业之间由于地理位置接近和频繁的交流，增进了双方的吸收和学习，使一汽集团的创新决策扩散很快，中小企业的竞争力得到了提升，企业间的竞争与协作又迫使企业不断创新，提高自己的竞争力，这种互动式的竞争最后使整个产业集群产生了创新效应。

同一个产业的企业在地理上的集中，能够使企业更有效率地得到供应企业的服务，及时得到本行业竞争所需要的信息，比较容易地获得配套的产品和服务。长春汽车产业集群发展形成的规模化效应，使集聚区内的企业能以更高的生产率来生产产品、提供服务，有利于其获得相对于集聚区外企业更多的竞争优势。

## 第三节 基于策略性行为的长春汽车产业集群企业创新决策分析

### 一 长春汽车产业集群中企业的策略性行为分析

对于长春汽车产业集群，核心企业与大量中小企业是上下游合作关系，是共同完成汽车的多个生产阶段和销售的基本组织形式，是依赖和被依赖的纵向关系。在这样的结构中，企业一般是在这个组织形式内实施有利于自己的策略性行为。垄断企业往往会使用多种手段在市场上竞争，核心企业也有能力运用策略性行为去"欺压"其他中小企业，打破市场环境的约束以争取自己的最大利益，体现出垄断势力的本质。核心企业的主动行为会使既定市场和需求条件发生变化，可以打破被动行为下的均衡，并进而形成更有利的新均衡。这些主动行为包括可以在一段时间内为改变或消除企业面临的约束，使企业追求的目标产生更好结果而努力。

长春汽车产业目前已经成为我国最大、最全的汽车工业体系，运用策略性行为进行产业集群创新决策是其取得成功的关键所在。核心企业通过一体化、技术许可费、战略联盟和服务合同等主动策略性行为将汽车零部件的生产分工到相关企业进行，以降低生产成本，提高生产率。因此，在长春汽车产业集群中以合作策略为主，以纵向企业间达成合作为前提，实施纵向策略性行为的目的是使这种合作更有利于自己。汽车产业集群企业通过实施策略性行为，改变上下游关联企业决策模式，从而使合作结果更有利于自己的利润最大化目标。

### 二 一体化策略性行为创新决策分析

产业集群的存在不是相似企业个体的简单组合，产业集群中的企业之间在很大程度上存在着分工与协作关系。长春汽车产业集群已经形成以一汽集团为核心企业，众多中小企业为节点的放射状网络结构。从宏观上看，是合理分工与协作的结果①。从微观层面分析，是合理运用策略性行为创新的结果。

面对全球性生产竞争，在近十年的发展过程中，长春汽车产业集群不

---

① 刘静、孟韬：《从"福特制"到"丰田制"的演变》，《市场营销导刊》2009 年第 2 期。

断运用策略性行为创新决策，实现了对汽车产业资源的优化配置与合理利用。一汽集团结合自身企业的实际，实施"一体化"策略性行为，对企业进行了结构重组。

首先，直属专业厂重组。一汽集团对具备条件的直属专业厂进行资产重组，新建了铸造公司、模具公司、通信公司和动能分公司。这些公司实行自主经营、自负盈亏，直接面向市场。

其次，汽车研发机构重组。将汽车研究所、工艺处主导业务，技术处大部分业务合并重组，组成中国第一汽车集团公司技术中心。以一汽集团公司工厂设计院为主体，集团公司将原基建处工业和民用建筑等设计业务和长春汽车工业工程建设开发中心归并重组，成立"机械工业第九设计院"，是集团公司的全资子公司，实行独立核算、自负盈亏、自我发展的经营机制。

最后，资产结构重组。实施兼并重组的目的主要是为了获得规模经济。一汽集团通过实施"一体化"策略性行为，使企业规模迅速扩大，企业竞争实力得到提升。

### 三　技术许可费策略性行为创新决策分析

随着集群发展，一汽集团需要提升产业规模和经济效益。在创新决策过程中，将其企业边界向其他企业延伸，优化产业组织形式，继续增加节点，运用技术许可费策略性行为，与众多汽车零部件生产企业结成委托生产的契约性关系，企业间长期合作形成的组织形式是一种超越市场与企业的网络组织形式。

一方面，对产品的质量影响较大的关键零部件生产，技术难度大或技术保密要求高的关键部件的加工、零配件的总装、核心技术的创新以企业内部自行生产为主；另一方面，一汽集团将汽车电子、模具、化工、橡胶、发动机、车身、轴承和轮胎等零部件生产流程剥离出来，与中小企业建立特许费契约关系，由中小企业加工生产。

经过多年发展，该策略性行为取得明显经营业绩，而且核心企业对中小企业的发展起到了很大的带动作用。以一汽集团为核心的"丰田制"生产组织模式使得一汽集团和零部件小企业各自都有了较为明确的定位。一汽集团通过实施技术许可费策略性行为，降低了本身的组织刚性，能把更多精力与资源投放在企业战略研究和开发上，提高了企业适应市场变化的灵活性。中小企业在与一汽集团的长期关系中，可以获得较为稳定的工作任务，为了维持这种合作契约关系，积极主动地适应一汽集团的要求，不断提高技术水平，谋求更精尖的技术专长。

## 第四节　长春汽车产业集群创新决策建议

在长春汽车产业集群中，以产业链中心企业———一汽集团为核心带动各中小型供应商，推进各层次企业实施技术创新，促进整车和零部件企业实行专业化生产，是形成产业集群的关键。一汽集团在产业集群的形成中应发挥"旗舰"作用，力争体现"确立一个点，形成一个面"的产业辐射和凝聚作用。在长春汽车产业集群中，大中小企业都应有各自的核心竞争能力，并形成以大型企业为主导，大中小企业共生共存和共荣共辱的合作网络结构。

在一汽集团采取策略性行为创新决策下，一汽集团创新决策对中小企业边际成本降低的程度较小时，根据模型推导，核心企业一体化策略性行为的利润总是优于特许费的利润。因此，一汽集团采取一体化策略性行为更加适合发展的需要，即汽车产业集群企业采取兼并与重组方式，利于整个产业集群的发展。根据模型推导，若创新决策对中小企业边际成本降低的程度较大时，在产品同质的情况下，核心企业技术许可费策略性行为的利润优于一体化策略性行为的利润；在中小企业产品异质的情况下，核心企业一体化策略性行为的利润优于技术许可费策略性行为的利润。为此，一汽集团在创新决策时，要明晰创新决策对产业集群中小企业边际成本影响的程度，来决定一体化和技术许可费策略性行为。

同时，产业集群中的核心企业一汽集团应该努力培育核心竞争能力，强化与产业集群中其他企业的网络关系能力。针对当前汽车业装配业务附加值低，产业利润更多分布于设计、营销和服务等价值链环节的特点，一汽集团应集中资源重点做好产品研发、品牌建设、汽车金融和售后服务等工作。而长春汽车产业集群中的中小企业应突出零部件生产的专业化优势，力争做专做精、做强做大，形成核心竞争力，开拓产业集群内外企业多极配套市场。

依靠核心企业集团的牵引作用，倡导集群内主体之间的合作，强化产业集群效应。核心汽车集团是汽车产业集群培育、推动、发展的主要力量，企业通过融入全球汽车产业分工，广泛开展国际合作，支持产业集群建设。培育企业的竞争优势，使整车核心产品在质量、服务、技术、价格各方面均有市场竞争力，形成较大的产能规模。

# 第五节　本章小结

本章以长春汽车产业集群为例，分析了产业集群企业创新决策的表现及产生原因，结合本文所论述的核心企业垄断型产业集群企业创新决策进行了案例分析。

首先，描述了长春汽车产业集群现状。长春市汽车产业集群形成了以第一汽车集团公司为核心，集整车、各类专用车和汽车零部件研发、生产、贸易为一体的较为齐全的汽车产业集群。

其次，对长春汽车产业集群创新特征与效应进行了分析。集聚效应显著，长春的汽车产业集群形成以一汽集团及下属整车企业为核心，多层级、点状集中分布的空间结构布局，具有明显集聚效应；核心企业明确，一汽集团是整个产业集群的中心，在产业集群中起决定性作用，决定着整个产业集群的发展方向和绩效；一汽集团企业的规模巨大，实力强，控制着整个产业集群的发展方向；中小企业集聚，大量中小企业处于附属地位，围绕一汽集团安排生产。

再次，对长春汽车产业集群企业的策略性行为进行分析。长春汽车产业集群运用策略性行为进行创新决策是其取得成功的关键。核心企业通过一体化、技术许可费、战略联盟和服务合同等主动策略性行为将汽车零部件的生产分工到相关企业进行，以降低生产成本，提高生产率。

最后，对基于策略性行为的长春汽车产业集群企业创新决策展开分析。对一体化策略性行为和技术许可费策略性行为创新决策进行分析，并有针对性地提出了长春汽车产业集群创新决策的建议。

# 第八章　结论与展望

本书依据新产业组织理论基本逻辑，将策略性行为引入产业集群企业创新决策分析框架，研究不同类型产业集群结构中，产业集群企业策略性行为选择对创新决策的影响，从新的角度揭示不同类型产业集群企业创新决策的属性。

## 第一节　本书的主要工作

本书对策略性行为背景下不同类型产业集群企业创新决策的具体问题进行了研究。回顾全书的研究工作，可以归纳为以下研究成果及结论：

### 一　形成不同类型产业集群企业创新决策研究的逻辑分析思路

运用博弈论、系统论和比较分析方法对不同类别集群企业创新模式展开深入研究，形成不同类型产业集群企业创新决策研究的逻辑分析思路。

### 二　构建了中小企业群生型产业集群企业创新决策模型

运用多维博弈模型，对策略性行为下的中小企业群生型产业集群企业创新决策进行研究。模型表明：在该类型产业集群中，多个企业对同类产品进行竞争时，每家企业都应同时考虑几方面策略性行为，并选择适合自身企业的最优策略性行为向量组合，如此，产业集群企业的策略性行为创新决策才能实现利润最大化。

### 三　构建了核心企业垄断型产业集群企业创新决策模型

在纵向控制框架下，探讨了产业集群中核心企业创新决策对中小企业的影响。创新决策对中小企业边际成本降低的程度较小时，核心企业一体化策略性行为的利润总是优于技术许可费策略性行为的利润。若新产品对中小企业边际成本降低的程度较大时，在中小企业产品同质情况下，核心企业技术许可费策略性行为的利润优于一体化策略性行为的利润；在中小企业产品异质情况下，核心企业一体化策略性行为的利润优于技术许可费策略性行为的利润。

**四　构建了"龙头＋网络"型产业集群企业创新决策模型**

运用主导价格利润分配模型，研究了产业集群中龙头企业采取主动与中小企业合作的策略性行为，形成更有利的新均衡。根据斯坦克尔博格博弈思想，占主导地位的寡头垄断企业选择与中小企业合作，在博弈以后总能得到更多的利润，并且随着合作创新决策系数的增大，占主导地位的寡头垄断（龙头）企业的利润也将增大，产业集群总利润也是增大的，这必将激励龙头企业创新的动力。

# 第二节　理论创新

本书的理论创新之处在于从策略性行为的视角阐释了不同类型产业集群企业创新决策的选择问题，具体包括以下几个方面：

首先，运用多维博弈理论，引入预告广告信息、提高转换成本和限制性定价三个主要策略性行为，对中小企业群生型产业集群企业创新决策展开研究。

其次，采用博弈论方法，结合核心企业垄断型产业集群特征，把合作创新看作是一个垄断企业和多个从属企业的斯坦克尔博格主从博弈决策模型，核心企业作为主方给出最优参与率策略，中小企业作为从方以总体投入以及参与率策略响应。

最后，运用主导价格利润分配模型，研究了"龙头＋网络"型集群中的寡头垄断企业，采取主动与中小企业合作创新的策略性行为，形成更有利的新均衡。

# 第三节　需要进一步研究的问题和方向

本书从企业策略性行为的角度研究不同类型产业集群企业的创新决策，虽然取得了一些研究成果，但还仅仅是开始，尚需从以下几个方面进行完善：

　　首先，本书中小企业群生型产业集群主要以企业典型的横向结构为基础展开分析与论述。局限在于没有研究企业结构为纵向关系时，策略性行为下产业集群企业的创新决策。产业集群中的企业在创新决策中，随着采取策略性行为的多与少，博弈模型应进行扩展，这将是今后需开展的工作。

　　其次，在纵向控制的框架内研究了核心企业垄断型产业集群中，核心企业运用特许费策略性行为进行产品创新决策的问题。但是，分析基于完全信息以及简化的产业集群市场结构，因此如何在更加一般化的假设前提下，如不完全信息、产业集群核心企业在中游或者下游的市场结构，构建更接近现实的理论模型，将是未来研究的重点。

　　最后，鉴于产业集群在经济发展中具有的重要地位和作用，对不同类别产业集群企业创新决策问题研究必将是一项富有理论和实践价值的工作。在这一领域，如何更加合理地对产业集群进行分类，如何对不同类型产业集群企业的创新模式和制约因素进行研究，产业集群中处于被动地位的企业如何采取适合自己的策略性行为进行创新决策，都是需要进一步研究的问题。

# 附　录

## 附录一　产业集群创新决策多维
## 博弈模型仿真模拟

根据本书的讨论，这里给出一个例子，来说明策略性行为对中小企业群生型产业集群企业创新决策的影响。运用 Matlab 软件，开展模拟研究。

（1）具体的运行程序如下：

```
Syms k₁₁ k₂₁ k₃₁ k₄₁ k₅₁ k₆₁ k₁₂ k₂₂ k₃₂ k₄₂ k₅₂ k₆₂ c₁ c₂ G;
```

$A_1 = [-1\ 0\ 0.5 \times k_{31};\ 0-1\ 0.5 \times k_{51};\ -k_{31}\ -k_{51}\ 2 \times k_{11}];$

$A_2 = [-1\ 0\ 0.5 \times k_{32};\ 0-1\ 0.5 \times k_{52};\ -k_{32}\ -k_{52}\ 2 \times k_{12}];$

$B_1 = [0\ 0\ 0;\ 0\ 0\ 0;\ k_{42}\ k_{62}\ -k_{22}];$

$B_2 = [0\ 0\ 0;\ 0\ 0\ 0;\ k_{41}\ k_{61}\ -k_{21}];$

$D_1 = [0.5 \times k_{31} \times c_1;\ 0.5 \times k_{51} \times c_1;\ G + k_{12} \times c_1];$

$D_2 = [0.5 \times k_{32} \times c_2;\ 0.5 \times k_{52} \times c_2;\ G + k_{11} \times c_2];$

$F = [A_1\ B_2;\ B_1\ A_2];$

$H = inv\ (F);$

$D = [D_1;\ D_2];$

$X = H \times D$

$U_1 = (G - k_{11} \times X\ (3)\ + k_{22} \times X\ (6)\ + k_{31} \times X\ (1)\ - k_{42} \times X\ (4)\ + k_{51} \times X\ (2)\ - k_{62} \times X\ (5)) \times (X\ (3)\ - c1)\ - X\ (1)\ ^2 - X\ (2)\ ^2$

$U_2 = (G - k_{12} \times X\ (6)\ + k_{21} \times X\ (3)\ + k_{32} \times X\ (4)\ - k_{41} \times X\ (1)\ + k_{52} \times X\ (5)\ - k_{61} \times X\ (2)) \times (X\ (6)\ - c_2)\ - X\ (4)\ ^2 - X\ (5)\ ^2$

$Q_1 = (G - k_{11} \times X\ (3)\ + k_{22} \times X\ (6)\ + k_{31} \times X\ (1)\ - k_{42} \times X\ (4)\ + k_{51} \times X\ (2)\ - k_{62} \times X\ (5))$

$Q_2 = (G - k_{12} \times X\,(6) + k_{21} \times X\,(3) + k_{32} \times X\,(4) - k_{41} \times X\,(1) + k_{52} \times X\,(5) - k_{61} \times X\,(2))$

$St_1 = [X\,(1)\,\hat{}\,2;\ X\,(2)\,\hat{}\,2;\ X\,(3)]$

$St_2 = [X\,(4)\,\hat{}\,2;\ X\,(5)\,\hat{}\,2;\ X\,(6)]$

$> > sxmx1\ X =$

（2）以产业集群中有 2 家企业（n = 2）为例，将影响因素赋予不同的系数：

$K_{11} = 0.5$；$k_{21} = 0.1$；$k_{31} = 0.1$；$k_{41} = 0.1$；$k_{51} = 0.1$；$k_{61} = 0.1$；$k_{12} = 0.1$；$k_{22} = 0.1$；$k_{32} = 0.1$；$k_{42} = 0.1$；$k_{52} = 0.1$；$k_{62} = 0.1$；$c_1 = 100$；$c_2 = 120$；$G = 1000$；

求出具体表达式：

$A_1 = [-1\ 0\ 0.5 \times k_{31};\ 0 - 1\ 0.5 \times k_{51};\ -k_{31}\ -k_{51}\ 2 \times k_{11}]$；

$A_2 = [-1\ 0\ 0.5 \times k_{32};\ 0 - 1\ 0.5 \times k_{52};\ -k_{32}\ -k_{52}\ 2 \times k_{12}]$；

$B_1 = [0\ 0\ 0;\ 0\ 0\ 0;\ k_{42}\ k_{62}\ -k_{22}]$；

$B_2 = [0\ 0\ 0;\ 0\ 0\ 0;\ k_{41}\ k_{61}\ -k_{21}]$；

$D_1 = [0.5 \times k_{31} \times c_1;\ 0.5 \times k_{51} \times c_1;\ G + k_{12} \times c_1]$；

$D_2 = [0.5 \times k_{32} \times c_2;\ 0.5 \times k_{52} \times c_2;\ G + k_{11} \times c_2]$；

$F = [A_1\ B_2;\ B_1\ A_2]$；

$H = inv\,(F)$；

$D = [D_1;\ D_2]$；

$X = H \times D$；

$X = [X_1;\ X_2]$ 为最优解

每家企业的最佳利润和最佳需求量的函数表达式：

$U_1 = (G - k_{11} \times X_3 + k_{22} \times X_6 + k_{31} \times X_1 - k_{42} \times X_4 + k_{51} \times X_2 - k_{62} \times X_5) \times (X_3 - C_1) - X_1\hat{}2 - X_2\hat{}2$

为企业 1 的利润；

$U_2 = (G - k_{12} \times X_6 + k_{21} \times X_3 + k_{32} \times X_4 - k_{41} \times X_1 + k_{52} \times X_5 - k_{61} \times X_2) \times (X_6 - C_2) - X_4\hat{}2 - X_5\hat{}2$

为企业 2 的利润；

$Q_1 = (G - k_{11} \times X_3 + k_{22} \times X_6 + k_{31} \times X_1 - k_{42} \times X_4 + k_{51} \times X_2 - k_{62} \times X_5)$

为企业 1 产品需求量；

$Q_2 = (G - k_{12} \times X_6 + k_{21} \times X_3 + k_{32} \times X_4 - k_{41} \times X_1 + k_{52} \times X_5 - k_{61} \times X_2)$

为企业 2 产品需求量；

$St_1 = [X_1^2; X_2^2; X_3]$

为企业 1 在预告广告信息、提高转换成本和限制定价策略性行为的最优组合；

$St_2 = [X_4^2; X_5^2; X_6]$

为企业 2 在预告广告信息、提高转换成本和限制定价策略性行为的最优组合。

# 附录二　产业集群企业主导价格利润分配模型仿真模拟

根据本书的讨论，这里给出一个例子，说明该类型产业集群中，龙头企业采取主动合作的策略性行为对其创新决策的影响。在前面讨论的寡头垄断企业主导价格的利润分配模型基础上，赋予模型的相关策略因素不同的值，开展模拟分析。

（1）具体运行程序如下：

r = [0; 0.001; 1];

$\pi_1 = (4 \times b \times (2 - \lambda))^{\wedge}(-1) \times (a - b \times c1 - b \times c2)^{\wedge}2;$

$\pi_2 = (a - b \times c1 - b \times c2)^{\wedge}2 \times inv(4 \times b) \times (1 - \lambda).\times (2 - \lambda).^{\wedge}(-2)$

$\pi = \pi_1 + \pi_2$

plot $(\lambda, \pi_1, \lambda, \pi_2, \lambda, \pi)$

（2）将影响因素赋予不同的系数

$a = 1000$　　$b = 10$　　$c_1 = 3$　　$c_2 = 5$

a 和 b 是线性需求函数在横轴和纵轴的截距。

$c_1$ 和 $c_2$ 分别是龙头企业和中小企业独创性产品的成本。

（3）描述收益变化趋势

将影响策略因素赋予不同系数，可以描述出产业集群中寡头垄断（龙头）企业、中小企业和整个产业集群的收益变化趋势。根据模拟结果得出集群不同企业利润图（见下图）。

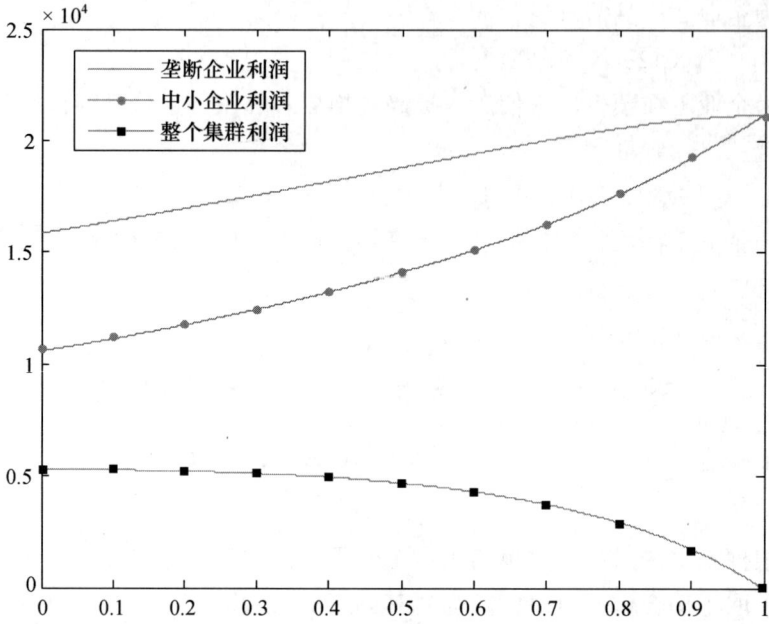

集群不同企业利润图比较

# 参 考 文 献

**中文著作**

1. 冯德连：《经济全球化下中小企业集群的创新机制研究》，经济科学出版社 2005 年版。

2. 盖文启：《创新网络：区域经济发展新思维》，北京大学出版社 2003 年版。

3. 干春晖：《企业策略性行为研究》，经济管理出版社 2005 年版。

4. 干春晖：《产业经济学》，机械工业出版社 2006 年版。

5. 金碚等：《竞争力经济学》，广东经济出版社 2003 年版。

6. 靖继鹏、张向先、李北伟：《信息经济学》，科学出版社 2007 年版。

7. 卡布尔：《产业经济学前沿问题》，中国税务出版社 2000 年版。

8. 刘春芝：《集群式创新：以辽宁装备制造业发展为例》，中国社会科学出版社 2005 年版。

9. 刘志迎：《产业经济学》，科学出版社 2007 年版。

10. 仇保兴：《小企业集群研究》，复旦大学出版社 1999 年版。

11. 王缉慈：《创新的空间：企业集群与区域发展》，北京大学出版社 2001 年版。

12. 王缉慈：《解读产业集群，中国产业集群》第 1 辑，机械工业出版社 2005 年版。

13. 韦伯：《工业区位论》中译本，商务印书馆 1997 年版。

14. 魏江：《产业集群：创新系统与技术学习》，科学出版社 2003 年版。

15. 吴德进：《产业集群论》，社会科学文献出版社 2006 年版。

16. 吴翔阳：《产业自组织集群化及集群经济研究》，中共中央党校出版社 2006 年版。

17. 谢林：《冲突的战略》，赵华等译，华夏出版社 2006 年版。

18. 熊彼特：《经济发展理论》，商务印书馆 1991 年版。

19. 熊彼特：《资本主义、社会主义与民主》，商务印书馆 1999 年版。

20. 张钢：《企业组织网络化发展》，浙江大学出版社 2005 年版。

21. 朱英明：《产业集聚论》，经济科学出版社 2003 年版。

22. 中国产业集群发展报告课题组：《中国产业集群发展报告》，机械工业出版社 2009 年版。

23. W. Baumol：《资本主义的增长奇迹——自由市场创新机器》，中信出版社 2004 年版。

24. M. Lorenzon：《创新聚集——产业创新手册》，清华大学出版社 1998 年版。

25. Marshal：《经济学原理（中译本）》，商务印书馆 1997 年版。

26. Marshal：《经济学原理》，章洞易缩译，南海出版社 2010 年版。

27. J. Tirole：《产业组织理论》，中国人民大学出版社 1997 年版。

**中文期刊**

28. 安虎森、朱妍：《产业集群理论及其进展》，《南开经济研究》2003 年第 3 期。

29. 蔡宁：《企业集群的竞争优势——资源的结构性整合》，《中国工业经济》2002 年第 7 期。

30. 蔡宁：《产业集群复杂网络的结构与功能分析》，《经济地理》2006 年第 3 期。

31. 蔡宁、吴结兵：《产业集群组织间关系密集性的社会网络分析》，《浙江大学学报》（人文社会科学版）2006 年第 4 期。

32. 蔡铂、聂鸣：《社会网络对产业集群技术创新的影响》，《科学学与科学技术管理》2003 年第 7 期。

33. 陈国宏、李凯、王秋菲：《基于纵向控制框架的上游厂商新产品特许决策研究》，《东北大学学报》（自然科学版）2008 年第 8 期。

34. 陈国宏、李凯：《产业集群的组织分析逻辑：组织本质、效率与边界》，《财经问题研究》2009 年第 1 期。

35. 陈柳钦：《产业集群技术创新的相关理论》，《石家庄经济学院学报》2007 年第 5 期。

36. 陈健、夏兰：《基于网络视角的产业集群分类》，《商场现代化》

2007 年第 2 期。

37. 陈剑锋：《国外产业集群理论研究综述》，《外国经济与管理》2002 年第 8 期。

38. 范丹宇、金峰：《创新系统中的知识流动与转化分析》，《科技管理研究》2006 年第 10 期。

39. 盖文启、朱华晟：《产业的柔性集聚及其区域竞争力》，《经济理论与经济管理》2001 年第 10 期。

40. 洪后其、傅家骥、雷家骕等：《我国技术创新扩散模式的选择》，《中国工业经济研究》1991 年第 4 期。

41. 黄程、符正平：《珠江三角洲地区企业集群的分类及其特征》，《管理评论》2003 年第 6 期。

42. 赖磊、王济干：《基于模块化理论的产业集群创新能力研究》，《科技管理研究》2006 年第 2 期。

43. 李正卫、池仁勇、刘慧：《集群网络学习与企业创新绩效：基于嵊州领带生产企业集群的实证分析》，《经济地理》2005 年第 5 期。

44. 李婷、陈向东：《产业集群的学习模式及其创新特征研究》，《科技管理研究》2006 年第 2 期。

45. 李金华、孙东川：《创新网络的演化模型》，《科学学研究》2006 年第 2 期。

46. 李凯、李世杰：《装备制造业集群网络结构研究与实证》，《管理世界》2004 年第 12 期。

47. 李凯、李世杰：《我国产业集群分类的研究综述与进一步探讨》，《当代财经》2005 年第 12 期。

48. 李凯：《基于厂商策略性行为的纵向关系理论研究》，博士学位论文，东北大学，2007 年。

49. 刘军国：《传统产业集群中的报酬递增》，《技术经济》2001 年第 1 期。

50. 刘军：《多个企业下的多维博弈模型及均衡分析》，《运筹与管理》2009 年第 2 期。

51. 刘静、孟韬：《从"福特制"到"丰田制"的演变》，《市场营销导刊》2009 年第 2 期。

52. 刘义圣、林其屏：《产业集群的生成与运行机制研究》，《东南学术》2004 年第 6 期。

53. 刘恒江、陈继祥：《基于动力机制的我国产业集群发展研究》，《经济地理》2005 年第 5 期。

54. 刘友金、杨继平：《集群中企业协同竞争创新行为博弈分析》，《系统工程》2002 年第 11 期。

55. 刘友金：《关于集群创新优势的研究及其启示》，《经济学动态》2003 年第 2 期。

56. 刘友金：《集群式创新的企业人群行为及其约束条件研究》，《生产力研究》2003 年第 2 期。

57. 刘友金、刘莉君：《基于混沌理论的集群式创新网络化过程研究》，《科学学研究》2008 年第 2 期。

58. 罗家德：《网络理论、产业网络与技术扩散》，《管理评论》2004 年第 1 期。

59. 慕继丰、冯宗宪、李国平：《基于企业网络的经济和区域发展理论》，《外国经济与管理》2001 年第 3 期。

60. 宁钟：《国外创新与空间集群理论评述》，《经济学动态》2001 年第 3 期。

61. 牛小凡：《西方产业组织理论的演化与新发展》，《经济研究》2004 年第 3 期。

62. 石忆邵、厉双燕：《长三角地区三种企业集群发展模式比较研究》，《南通大学学报》（社会科学版）2007 年第 4 期。

63. 谭德庆：《多维博弈及应用研究》，西南交通大学，2004 年。

64. 唐敏、张廷海：《产业集群创新优势与我国中小企业集群的效率改进》，《经济管理》2004 年第 13 期。

65. 王缉慈、童昕：《简论我国地方企业集群的研究意义》，《经济地理》2001 年第 5 期。

66. 王辑慈：《地方产业群战略》，《中国工业经济》2002 年第 3 期。

67. 王缉慈等：《国家科技部软课题"全球化背景下的地方产业集群战略"课题报告》，2002 年。

68. 王旺兴、李艳：《产业集群内的知识流动与创新机制》，《科技与管理》2003 年第 3 期。

69. 王开明、张琦：《技术创新扩散及其壁垒微观层面的分析》，《科学学研究》2005 年第 1 期。

70. 王霄宁、王轶：《新经济社会学视角下基于社会网络分析的产业集群定量化研究》，《系统工程》2005 年第 2 期。

71. 王建宇、樊志平：《合作知识创新中基于 Stackelberg 博弈的资源共享决策模型》，《中国管理科学》2005 年第 13 期。

72. 王发明、蔡宁：《基于网络结构视角的产业集群风险研究》，《科学学研究》2006 年第 6 期。

73. 王秋菲、李凯、许波：《产业结构、技术溢出与上下游厂商合作创新决策》，《东北大学学报》（自然科学版）2007 年第 5 期。

74. 王利、陆继等：《主从式二级供应链利润分配博弈分析》，《统计与决策》2007 年第 2 期。

75. 魏江、叶波：《文化视野内的小企业集群技术学习研究》，《科学研究》2001 年第 12 期。

76. 魏江：《小企业集群创新网络的知识溢出效应》，《科研管理》2003 年第 7 期。

77. 魏江、朱海燕：《知识密集型服务业功能论：集群创新过程视角》，《科学学研究》2006 年第 3 期。

78. 魏江、叶波：《企业集群中的技术学习分工和知识流动》，《科学学与科学技术管理》2007 年第 9 期。

79. 魏后凯：《对产业集群与竞争力的考察》，《经济管理·新管理》2003 年第 6 期。

80. 魏守华、石碧华：《论企业集群的竞争优势》，《中国工业经济》2002 年第 1 期。

81. 吴添祖、姚杭永：《基于产业集群的技术创新扩散绩效研究》，《科技进步与对策》2004 年第 2 期。

82. 吴晓波：《企业集群技术创新环境与主要模式研究》，《研究与发展管理》2003 年第 4 期。

83. 谢洪明：《产业集群、企业行为与企业竞争力的实证研究》，《科学学与科学技术管理》2005 年第 5 期。

84. 许庆瑞、毛凯军：《论企业集群中的龙头企业网络和创新》，《研究与发展管理》2003 年第 4 期。

85. 徐占忱、何明升：《论产业集群竞争力的性质》，《工业技术经济》2005 年第 1 期。

86. 杨智华:《基于产业特点的产业集群模式比较研究》,硕士学位论文,河北理工大学,2006 年。

87. 叶建亮:《知识溢出与企业集群》,《经济科学》2001 年第 3 期。

88. 叶庆祥、徐海洁:《基于知识溢出的集群企业创新机理研究》,《浙江社会科学》2006 年第 1 期。

89. 于树江、李艳双:《产业集群区位选择形成机制分析》,《中国软科学》2004 年第 4 期。

90. 张海、陈国宏、李美娟:《技术创新扩散的博弈》,《工业技术经济》2005 年第 8 期。

91. 张杰:《我国地方产业集群的升级路径:基于组织分工架构的一个初步分析》,《中国工业经济》2006 年第 5 期。

92. 赵全超等:《基于创新型产业集群的创新型城市政府治理机制研究》,《北京理工大学学报》(社会科学版) 2007 年第 4 期。

93. 周兵、蒲勇键:《产业集群的增长经济学解释》,《中国软科学》2003 年第 5 期。

**英文期刊**

94. Amin, A., "An institutionalist perspective on regional economic development", *International Journal of Urban and Regional Studies*, No. 2, 1999, pp. 365 – 378.

95. André, L., "Mergers and the market for organization capital", *Journal of Economic Theory*, Vol. 138, No. 1, 2010, pp. 71 – 100.

96. Araújo, A. and Kubler, F., "Regulating collateral – requirements when markets are incomplete", *Journal of Economic Theory*, Vol. 13, No. 2, 2010, pp. 81 – 90.

97. Audretsch, D. and Feldman, M., "R&D spillovers and the geography of innovation and production", *American Economic Review*, Vol. 86, No. 3, 1996, pp. 630 – 640.

98. Baptista, R. and Swann, G., "Do firms in clusters innovate more", *Research Policy*, Vol. 27, No. 4, 1998, pp. 209 – 228.

99. Beaudry, C. and Swann, P., "Growth in industrial clusters: a bird's eye view of the United Kingdom", *Siepr Discussion Paper*, No. 4, 2001,

pp. 30 – 38.

100. Becattini, G. , "The marshallian industrial district as a socio – economic notion", Industrial districts and Inter – Firm cooperation in Italy, Geneva, IILS. 1990, pp. 450 – 462.

101. Bengtsson, M. and Solvell, O. , "Climate of competition, clusters and innovative performance", Scand J Mgmt, No. 20, 2004, pp. 225 – 244.

102. Bernheim, B. and Whinston, M. , "Exclusive dealing", Journal of Political Economy, Vol. 34, No. 1, 1998, pp. 64 – 83.

103. Bodenstein, M. , "Trade elasticity of substitution and equilibrium dynamics", Journal of Economic Theory, Vol. 145, No. 3, 2010, pp. 1033 – 1059.

104. Boldrin, M. , "Perfectly competitive innovation", Journal of Monetary Economics, Vol. 55, No. 3, 2010, pp. 435 – 453.

105. Bolton, P. and Bonanno, G. , "Vertical restraints in a model of vertical differentiation", Quarterly Journal of Economics, Vol. 103, No. 3, 2010, pp. 555 – 570.

106. Bourreau, M. and Doğan, P. , "Cooperation in product development and process R&D between competitors", International Journal of Industrial Organization, Vol. 28, No. 2, 2010, pp. 176 – 190.

107. Brenner, T. , Industrial clusters and milieus: a typology from an evolution perspective, Cepr Discussion Paper, 2000.

108. Button, E. , "A methodology for identifying the driver's industrial clusters: the foundation of regional competitive advantage", Economic Development Quarterly, No. 14, 2000, pp. 65 – 76.

109. Cabrales, A. and Calvó – Armengol, A. , "Interdependent preferences and segregating equilibria", Journal of Economic Theory, Vol. 139, No. 1, 2008, pp. 99 – 113.

110. Capello, R. , "Spatial transfer of knowledge in high technology milieus: learning versus collective learning processes", Regional Studies, Vol. 33, No. 5, 1999, pp. 1999, 33 (5): 353 – 365.

111. Carmine, O. , "Spillovers in product and process innovation: evidence from manufacturing firms", International Journal of Industrial Organiza-

tion, Vol. 24, No. 2, 2006, pp. 349 – 380.

112. Chih – Hai, Y., "Is innovation the story of Taiwan's economic growth?", *Journal of Asian Economics*, Vol. 17, No. 5, 2006, pp. 867 – 878.

113. Cristina, C. and Jan, V., "Cluster facing competition importance of external linkage", *European Planning Studies*, Vol. 15, No. 2, 2007, pp. 289 – 291.

114. Dayasindhu, N., "Embededness, knowledge transfer, industry clusters and global competitiveness: a case study of the Indian software industry", *Techovation*, Vol. 35, No. 7, 2002, pp. 253 – 265.

115. Dermot, L. and Peter, J., "Absorptive capacity, R&D spillovers, and public policy", *International Journal of Industrial Organization*, Vol. 25, No. 5, 2007, pp. 1089 – 1108.

116. Deng, Y., "The value of knowledge spillovers in the U. S. A. semiconductor industry", *International Journal of Industrial Organization*, Vol. 26, No. 4, 2008, pp. 1044 – 1058.

117. Dohse, D. and Soltwdel, R., "Recent development in the research on innovation cluster", *European Planning Studies*, Vol. 14, No. 9, 2006, pp. 1167 – 1172.

118. Elisa, G., Carb, P. and Roberta, R., "Upgrading in global value chains: lessons from Latin American clusters", The Second Globelics Conference Innovation Systems and Development: Emerging Opportunities and Challenges, in Beijing China, 2004.

119. Eliaz, K., Ray, D. and Razin, R., "Group decision – making in the shadow of disagreement", *Journal of Economic Theory*, Vol. 132, No. 1, 2007, pp. 236 – 273.

120. Enright, M., "Regional clusters and firm strategy", Paper Presented at the Prince Bentil Symposium on the Dynamic Firm, Stockholm, 1997, pp. 12 – 15.

121. Filipe, V. and Martins – da – Rocha, "Interim efficiency with MEU – preferences", *Journal of Economic Theory*, Vol. 145, No. 5, 2010, pp. 1987 – 2017.

122. Francesco, B. and Mario, P., "Engines of growth, innovation and

productivity in industry groups", *Structural Change and Economic Dynamics*, Vol. 18, No. 3, 2010, pp. 84 – 98.

123. Francis, B., Genicot, G. and Ray, D., "Informal insurance in social networks", *Journal of Economic Theory*, Vol. 143, No. 1, 2008, pp. 36 – 58.

124. Fosfuri, A. and Rφnde, T., "Foreign direct investment and spillovers through workers' mobility", *Journal of International Economics*, Vol. 53, 2006, pp. 205 – 222.

125. Franco, M., "Innovation and the dynamics and evolution of industries: progress and challenges", *International Journal of Industrial Organization*, Vol. 25, No. 4, 2007, pp. 675 – 699.

126. Freeman, C., "Network of innovators: a synthesis of research issues", *Research Policy*, Vol. 20, No. 3, 1991, pp. 499 – 514.

127. Funk, P., "Entry and growth in a perfectly competitive vintage model", *Journal of Economic Theory*, Vol. 138, No. 1, 2008, pp. 211 – 236.

128. Gabriel, Y., Marta, N. and Marin, A., *Production networks linkages, innovation processes and social management technologies, a methodological approach applied to the Volkswagen case in Argentina*, 2000.

129. Giuliani, M. and Bell, T., "The micro – determinants of meso – level learning and innovation: evidence from a chilean wine cluster", *Research Policy*, Vol. 34, No. 1, 2005, pp. 47 – 68.

130. Granovetter, M. S., "The strength of weak ties", *American Journal of Sociology*, Vol. 78, No. 6, 1973, pp. 1360 – 1380.

131. Grabher, G., *The embedded firm on the socioeconomics of industrial networks*, London: Rout ledge, 1993.

132. Grabher, G. and Oliver, L., "Bad company? The ambiguity of personal knowledge networks", *Journal of Economic Geography*, Vol. 6, No. 3, 2006, pp. 251 – 271.

133. Granovetter, M., *Problems of explanation in economic sociology, in nohria and R. Eccles* (Eds.), *Network and organizations: form and action Cambridge MA*, New York: Harvard Business School Press, 1999.

134. Henderson, J., "Shalizi, Z. and Venables, J., Geography and de-

velopment", *Journal of Economic Geography*, No. 1, 2001, pp. 48 – 57.

135. Humphrey, J. and Schmitz, H. , *Principles for promoting clusters and networks of SMEs*, *paper commissioned by the small and medium enterprises branch of the united nations industrial development organization*, 2001.

136. Iammarino, S. and McCann, P. , "The structure and evolution of industrial clusters: transactions, technology and knowledge spillovers", *Research Policy*, Vol. 35, No. 7, 2006, pp. 1018 – 1036.

137. Jack, O. and Park, I. , "Overcoming the coordination problem: dynamic information of networks", *Journal of Economic Theory*, Vol. 145, No. 3, 2010, pp. 689 – 720.

138. Jang – Ting, G. Sharon and G. Harrison, "Indeterminacy with no – income – effect preferences and sector – specific externalities", *Journal of Economic Theory*, Vol. 145, No. 1, 2010, pp. 287 – 300.

139. Jaimovich, N. , "Firm dynamics and markup variations: implications for sunspot equilibrium and endogenous economic fluctuations", *Journal of Economic Theory*, Vol. 137, No. 1, 2007, pp. 300 – 325.

140. Joel, A. and Ramon, F. , "On the competitive effects of vertical integration by a research laboratory", *International Journal of Industrial Organization*, Vol. 24, No. 6, 2006, pp. 715 – 731.

141. Kajii, A. and Takashi, U. , "Interim efficient allocations under uncertainty", *Journal of Economic Theory*, Vol. 144, No. 1, 2009, pp. 337 – 353.

142. Kalemli – Ozcan, S. , "Elhanan Helpman, the mystery of economic growth", *Journal of International Economics*, Vol. 68, No. 2, 2006, pp. 518 – 527.

143. Keeble, D. and Lawson, C. , "Collective learning processes, networking and institutional thickness in the Cambridge Region", *Regional Studies*, Vol. 33, No. 2, 1999, pp. 319.

144. Klaus, D. and Rossi, E. , "Spatial growth and industry age", *Journal of Economic Theory*, Vol. 144, No. 62, 209, pp. 2477 – 2502.

145. Knorringa, P. and Meyer, S. , "New dimensions in enterprise co – operation and development: from clusters to industrial districts", *New Approaches to Science and Technology Co – operation and capacity Building*, No. 10, 1998, pp. 58 – 62.

146. Lawson, C. , "Towards a competence theory of the region", *Cambridge Journal of Economics*, Vol. 23, No. 4, 1999, pp. 151 – 169.

147. Liyanage, F. , "Breeding innovation clusters through collaborative research networks", *Technovation*, Vol. 15, No. 9, 1995, pp. 553 – 567.

148. Markusen, A. , "Sticky places in slippery spaces: A typology of industrial districts", *Economic Geography*, No. 72, 1996, pp. 293 – 313.

149. María, D. and Levine, P. , "Strategic procurement, openness and market structure", *International Journal of Industrial Organization*, Vol. 26, No. 5, 2008, pp. 1180 – 1190.

150. Maskell, P. , "Towards a knowledge – based theory of the geographical cluster", *Industrial and CorporateChange*, Vol. 10, No. 4, 2001, pp. 921 – 943.

151. Matsushima, H. , Miyazaki, K. and Nobuyuki, Y. , "Role of linking mechanisms in multitask agency with hidden information", *Journal of Economic Theory*, Vol. 145, No. 2, 2010, pp. 260 – 269.

152. Michael, A. , "Technological leaning and innovation in industrial clusters in the south", SPRU. Electronic Working Papers Series, 1997, pp. 7 – 12.

153. Myerson, Y. , "Graphs and cooperation in gamer", *Mathematics of Operations Research*, Vol. 2, No. 3, 1997, pp. 225 – 229.

154. Nisvan, E. and Piccinin, D. , "Cooperative R&D under uncertainty with free entry", *International Journal of Industrial Organization*, Vol. 28, No. 1, 2010, pp. 74 – 85.

155. Nizar, J. and Wooders, M. , "Price taking equilibrium in economies with multiple memberships in clubs and unbounded club sizes", *Journal of Economic Theory*, Vol. 140, No. 1, 2008, pp. 246 – 278.

156. OECD, *Proceedings, world congress in local clusters: local networks of enterprises in the world economy*, 2001.

157. Ohanian, L. , Edward, C. and Nancy, L. , "Stokey. Introduction to dynamic general equilibrium", *Journal of Economic Theory*, Vol. 144, No. 6, 2009, pp. 2235 – 2246.

158. Olivier, B. and Pluvia, Z. , "R&D and M&A: are cross – border M&A different? An investigation on OECD countries, International", *Journal*

*of Industrial Organization*, Vol. 24, No. 2, 2006, pp. 401 – 423.

159. Paola, G., Matteo, P., Francesco, R. and Salvatore, T., "Skills, division of labor and performance in collective inventions: evidence from open source software", *International Journal of Industrial Organization*, Vol. 28, No. 1, 2010, pp. 54 – 68.

160. Piero, T., "Morosini industrial clusters, knowledge integration and performance", World Development, Vol. 32, No. 2, 2004, pp. 38 – 46.

161. Peter, K. and Jorg, M., "New dimension in local enterprise co – operation and development: from clusters to industrial districts, advanced technology assessment system", New Approaches to Science and Technology Cooperation and Capacity Building in Italy, Geneva. 1998, pp. 245 – 287.

162. Porter, M., "*Competitive advantages of nations*, New York: Harvard University Press, 1990.

163. Porter, M., "Clusters and the new economics of competition ", *Harvard Business Review*, 1998, 98 (2): 77 – 90.

164. Rey, P. and Tirole, J., "The logic of vertical restraints", *American Economic Review*, Vol. 76, No. 4, 1986, pp. 921 – 939.

165. Rey, P. and Tirole, J., *A prime on foreclosure. Handbook of industrial organization* Ⅲ, North – Holland: Armstrong, 2005.

166. Richard, J. and Gilbert, M., "Efficient division of profits from complementary innovations", *International Journal of Industrial Organization*, Vol. 28, No. 1, 2010, pp. 76 – 84.

167. Rui, B. and Peter, S., "Do firms in clusters innovate more? ", *Research Policy*, No. 27, 1998, pp. 525 – 540.

168. Saxenian, A. *Regional advantage: culture competition in Silicon Valley and Route* 128, New York: Harvard University Press, 1994.

169. Scherer, F. and Ross D., *Industrial market structure and economic performance*, Boston: Houghton Mifflin Co., 1990.

170. Schmitz, H. and Musyck, B., "Industrial districts in Europe: policy lessons for developing countries", *World Development*, No. 8, 1994, pp. 75 – 86.

171. Schmitz, H., "Collective efficiency: growth path for small – scale in-

dustry", *Journal of Development Studies*, Vol. 31, No. 4, 1995, pp. 529 –566.

172. Sebnem, K. and Elhanan, H., "The mystery of economic growth", *Journal of International Economics*, Vol. 68, No. 2, 2006, pp. 518 – 527.

173. Shin – Kun, P., Jacques – Francois, T. and Ping, W., "Economic integration and aggregation in a middle product economy", *Journal of Economic Theory*, Vol. 131, No. 1, 2006, pp. 1 – 25.

174. Suzuki, A., "Market foreclosure and vertical merger: a case study of the vertical merger between turner broadcasting and time warner", *International Journal of Industrial Organization*, Vol. 27, No. 4, 2009, pp. 532 – 543.

175. Sternberg, R. and Arndt, O., "The firm or the region: what determines the innovation behavior of European firms? ", *Economic Geography*, Vol. 77, No. 4, 2001, pp. 364 – 382.

176. Stiebale, J. and Reize, F., "The impact of FDI through mergers and acquisitions on innovation in target firms", *International Journal of Industrial Organization*, Vol. 28, No. 1, 2010, pp. 98 – 116.

177. Storper, M., "The region as a nexus of untraded interdependencies", *European Urban and Regional Studies*, Vol. 2 No. 3, 1995, pp. 191 – 195.

178. Tassel, E., "Relationship lending under asymmetric information: a case of blocked entry", *International Journal of Industrial Organization*, Vol. 24, No. 5, 2006, pp. 915 – 929.

179. Ting – Lin, L., "Action strategies for strengthening industrial clusters in southern Taiwan", *Technology in Society*, No. 28, 2006, pp. 533 – 552.

180. Vaubourg, A., "Differentiation and discrimination in a duopoly with two bundles", *International Journal of Industrial Organization*, Vol. 24, No. 4, 2006, pp. 753 – 762.

181. Waterson, V., "Vertical relationships: an introduction", *Journal of Industrial Economics*, No. 39, 1991, pp. 445 – 450.

# 后　　记

　　本书基本保持了我的博士论文的原貌，只是在个别章节和表述上做了些许调整。

　　本书是在我的导师李凯教授的精心指点和悉心关怀下完成的。李凯教授严谨的治学精神，渊博的知识、开阔的视野和敏锐的思维深深感染和激励着我。在整个攻读博士研究生期间，导师对我的学习和研究给予了热忱指导和帮助。本书从选题、构思、修改到最后定稿倾注了导师的大量辛劳，也正是导师的无私庇护和正确指引，我才能够顺利完成学业，在此谨向李凯老师致以诚挚的谢意和崇高的敬意！

　　攻读博士的几年得到了太多人的支持和帮助，一路伴随着我。在此，我要感谢东北大学工商管理学院黄小原教授、杨锡怀教授、郭亚军教授、樊志平教授、赵希男教授、马钦海教授、庄新田教授、钟田丽教授、杜晓君教授、郁培丽教授等。诸位教授课堂上孜孜不倦的教诲、严谨的治学态度、精深的学术造诣给我留下深刻印象，指引我的研究方向，鼓励和激励我在今后的研究道路上更加努力。

　　产业经济研究所王世权、李世杰、郑云虹、向涛、田海峰等各位老师，工商管理学院孙建伟老师、艾云凤老师，我的博士同学秦丽娜、王秋菲、李明玉、高菲、韩亮亮、刘大为、王丹、邹怿、高佳琪、陈浩、霍苗、孙乐等，都曾经在研究和学习等方面上给予我很多帮助，在此，表示深深的谢意！

　　我的妻子是事业心很强的人，为我付出了很多时间和精力，在我情绪低落时给予我鼓励，也正是她的深爱和期待给了我一直向上的力量。感谢家人们的理解和支持。

　　对于策略性行为的问题，未来的研究空间和领域还很宽泛，但囿于本人学识和能力所限，书中一定存在许多有待完善之处，这是我今后努力之动力，我愿意长期致力于此，矢志不渝。同时，也敬请学界同仁不吝赐教。

作者　谨识

2013 年 3 月